学校积极心理学
从观念到行动

朱仲敏 著

上海教育出版社
SHANGHAI EDUCATIONAL
PUBLISHING HOUSE

自 序

应对儿童青少年心理健康问题，需要新的思路与理论支撑

当前，儿童青少年心理健康问题呈现出全球蔓延的趋势。有学者在《柳叶刀》杂志撰文指出，大量研究表明，全世界有 10%—20% 的青少年受心理健康问题的影响。[①] 2024 年，《美国医学会杂志》发表的一项研究表明，在全球 25.16 亿 5—24 岁儿童和青少年中，有 2.93 亿人患至少一种精神障碍，3100 万人患物质使用障碍（SUD），平均患病率分别为 11.65% 和 1.23%。[②] 5—9 岁、10—14 岁、15—19 岁和 20—24 岁四个年龄段的精神障碍患病率依次为 6.81%（男生高于女生）、12.40%（男生高于女生）、13.96%（男生高于女生）和 13.63%（女生高于男生）。从疾病负担的角度来看，在所有疾病导致的伤残中，约 1/5 可归因于精神障碍。5—9 岁、10—14 岁、15—19 岁和 20—24 岁四个年龄段群体，焦虑障碍的患病率分别是 1.32%、3.35%、4.34%、4.58%（都是女生高于男生），抑郁障碍的患病率分别是 0.08%、0.98%、2.69%、3.85%（都是女生高于男生），双相情感障碍的患病率分别是未知（无统计）、0.16%、0.58%、0.72%（都是女生高于男生）。四个年龄段的精神障碍患病率存在显著差异，在进入青春期后明显升高，这一趋势在情感障碍中表现得尤其明显。精神障碍主要发生在青少年时期，这会阻碍患

[①] Kieling C, Baker-Henningham H, Belfer M, et al. Child and adolescent mental health worldwide: Evidence for action [J]. The Lancet, 2011, 378(9801):1515—1525.

[②] Kieling C, Buchweitz C, Caye A, et al. Worldwide prevalence and disability from mental disorders across childhood and adolescence: Evidence from the global burden of disease study [J]. JAMA Psychiatry, 2024, 81(4):347—356.

者向健康的成年时期的过渡。

中国儿童青少年心理健康问题呈现高发、低龄化、疾病化倾向。从 20 世纪 90 年代初到 21 世纪 00 年代中期，关于中国青少年的不同出生队列研究结果表明，中国青少年的心理健康状况有所恶化，表现为心理健康的负性指标（如焦虑和抑郁）得分上升，而作为一种积极特质的自尊得分则有所下降。[①] 随着我国经济社会快速发展，儿童青少年心理健康问题发生率和精神障碍患病率逐渐上升，已成为关系国家和民族未来的重要公共卫生问题。[②] 有研究者呼吁心理健康应排在健康首位，应立法保护儿童心理健康。[③④] 2021 年，《半月谈》记者与清华大学社会科学学院等科研机构合作开展的调研发现，"学习无动力、对真实世界无兴趣、社交无能力、生命无价值感"的"四无"青少年越来越多。[⑤] 由首都医科大学附属北京安定医院儿童精神医学首席专家郑毅团队 2021 年发布的《中国儿童青少年精神障碍流调报告》显示，在 6—16 岁在校学生中，中国儿童青少年的精神障碍总患病率为 17.5%，其中流行程度排在前五位的精神障碍包括：注意缺陷多动障碍占 6.4%，焦虑障碍占 4.7%，对立违抗障碍占 3.6%，抑郁障碍占 3.0%，抽动障碍占 2.5%。[⑥] 2020 年、2022 年，中国科学院心理研究所的两次调查结果表明，青少年抑郁检出率分别为 24.6%（其中轻度抑郁为 17.2%，重度

① Xin Z, Niu J, Chi L. Birth cohort changes in Chinese adolescents' mental health [J]. International Journal of Psychology, 2012, 47(4):287—295.

② 国家卫生健康委，中宣部，中央文明办，等.健康中国行动——儿童青少年心理健康行动方案（2019—2022 年）[EB/OL].（2019-12-27）[2024-11-06]. https://www.gov.cn/xinwen/2019-12/27/content_5464437.htm.

③ 陆林.精神心理健康应排健康首位 [J].家庭健康，2018(11):40.

④ 王湘蓉，吕虹.陆林.应立法保护儿童心理健康——专访中国科学院院士、北京大学第六医院院长陆林教授 [J].教育家，2019(12):28—33.

⑤ 蒋芳，郑天虹，刘璐璐.青少年正遭遇的"四无"心理风暴值得警惕 [J].云南教育（视界综合版），2021(5):38—39.

⑥ Li F, Cui Y, Li Y, et al. Prevalence of mental disorders in school children and adolescents in China: Diagnostic data from detailed clinical Assessments of 17, 524 individuals [J]. Journal of Child Psychology and Psychiatry, and Allied Disciplines, 2021, 63(1):34—46.

抑郁为 7.4%）① 和 14.8%（其中轻度抑郁为 10.8%，重度抑郁为 4.0%）②。华中师范大学任志红教授课题组对 2010—2023 年我国青少年抑郁症状变化趋势的研究表明，随着中国近十年来经济的飞速增长，社会结构和家庭环境也发生了显著变化。这些变化在带来积极影响的同时，也导致青少年面临更大的竞争压力、学业负担和家庭期望，这些因素很可能成为青少年抑郁的重要诱因。该课题组的研究表明，中国青少年抑郁在 2010—2020 年间有下降倾向，但在 2021—2023 年间呈显著上升趋势。③ 华东师范大学 2024 年发布的中国青少年社会与情感能力测评（国际第二轮）结果显示，随着学段的增长，学生的幸福感在明显下降。④

　　儿童青少年心理健康问题的时代特征明显。在经济社会快速发展、时代巨变、社会焦虑、内卷加剧的背景下，儿童青少年的积极情绪体验、抵御心理健康风险的能力有待增强。在物质丰裕时，人们的精神需求与心理期望值会提高。传统心理健康观认为，没有心理疾病即心理健康。现代心理健康观认为，心理健康指既没有心理疾病，同时拥有一定的幸福感。世界卫生组织 2004 年发布的心理健康促进报告中指出，心理健康的个体处于一种幸福的状态，具有如下特征：个体实现自己能力，能够应对生活中的正常压力，能够富有成效和成果地工作，并且能够为社会作出贡献。⑤ 当代儿童青少年要成为担当民族复兴大任的时代新人，心理健康问题成为其顺利成长成才、更

---

① 傅小兰，张侃，陈雪峰，等.中国国民心理健康发展报告（2019—2020）[M].北京：社会科学文献出版社，2021: 192.

② 傅小兰，张侃，陈雪峰，等.中国国民心理健康发展报告（2021—2022）[M].北京：社会科学文献出版社，2023: 35.

③ Du X, Wu H, Sailigu Yalikun, et al. Trajectories of Chinese adolescent depression before and after COVID-19: A cross-temporal meta-analysis with segmented regression [J]. Journal of Affective Disorders, 2024(373):333—344.

④ 任朝霞. OECD 社会与情感能力测评（国际第二轮）成果发布 [EB/OL].中国教育新闻网，(2024-04-28) [2024-11-06]. http://www.jyb.cn/rmtzcg/xwy/wzxw/202404/t20240428_2111188455. html.

⑤ World Health Organization. Promoting mental health: Concepts, emerging evidence, practice (Summary report) [R]. Geneva: WHO, 2004.

好服务国家与社会的关键路障之一。当前，世界多极化、经济全球化、社会信息化、思想多元化等时代因素正深刻影响着儿童青少年的成长。由于社会压力传导、亲子沟通不畅、网络和电子产品使用不当、学业负担重等多重因素的综合影响，近年来儿童青少年心理健康问题更加凸显，"内卷""躺平"屡见不鲜，松弛感缺失、精神内耗现象比较常见，焦虑、抑郁等心理问题多发。

总体而言，儿童青少年心理健康问题形势严峻，儿童青少年心理健康工作遭遇巨大挑战。在这种背景下，亟须加强全体学生心理健康问题的预防，让预防走在问题的前面。促进学生的积极发展就是对心理健康问题的最好预防。学校是学生心理健康问题预防的重要阵地之一。对于如何在学校情境中应用积极心理学的原理与方法推动学生的积极发展，当前的学生心理健康教育与服务中还没有形成系统的思路与做法，值得深入探讨。要应对儿童青少年心理健康问题的严峻形势，需要新的思路和理论支撑，如加强积极心理学的理论指导与系统应用。

积极心理学的发展历程及其在学校中的应用走向

"积极心理学"的提出已有二十多年的历史。有学者总结了在积极心理学发展历程中出现的三次浪潮。第一波研究（大约从 1998/2000 年到 2010 年）：研究者致力于研究人类功能的积极方面，这与过去心理学主要关注负面问题的研究状态形成对比。最具代表性的学者是塞利格曼。第二波研究（大约在 2010—2015 年）：第二次浪潮兴起的时候，第一波研究仍在继续。第二波研究的主要特征是认识到生活中的积极方面和消极方面是交织在一起的，幸福感的各个方面可能同时具有积极和消极的含义，而且将某事物视为积极或消极取决于文化背景和特定的情境。这种综合观点最初由黄德平于 2011 年提出，可将其称为 PP 2.0。第三波研究（大约 2015 年及以后）：第一波和第二波积极心理学相关的研究和实践仍在扩展的同时，第三波研究在研究的焦点、学科归属、文化视角、方法论等方面都开始向复杂性转变。如对超越个体的过程和现象越来越感兴趣，开展跨学科或超学科的研究，更加注重多元文化和全球化的视角，更加注重元理论的视角和数智时代的研究方法。最具代表性的学者是威辛、洛马斯等。[①] 值得指出的是，有些在积极心理学领域作出突出贡献的学者不承认自己是积极心理学家（如心理幸福感研究的权威学者里夫）。原因之一是积极心理学的研究早已在积极心理学诞生之前就存在（最典型的就是 20 世纪 60 年代人本主义心理学家罗杰斯关于功能完善者的研究），而且许多心理学分支也在研究积极心理学所重视的主题。也有学者开始反思积极心理学研究中存在的问题，如如何理解积极性 [②]；关于幸福感的测量工具的质量不高；依赖同质化的研究样本（以来自西方的、受过良好教育、生活在工业化社会的富裕人群的样本为主）；积极心理学的过度商业化（如办硕士学位培训项目等）。有些应用项目的过度逐利行为没有得到有效监督，缺乏质量控制。科学家主张积极心理学的研究要与当代世界发展挑战（如日益扩大的不平等）联系起来，共创一个与社会相关且有德行的未来：加强难以简单地被定性为积极或消极现象（如贪婪、冷漠、愚蠢、愤怒等）的研究；主张更多地研究那些可能孕育美好生活和公正社会的领域——参与艺术活动和接触大自然。[③]

　　时至今日，积极心理学的应用领域也越来越广泛。积极心理学在学校情境中的应用催生了一门专门的学科，就是学校积极心理学。学校积极心理学的应用旨趣兼顾了学生学业发展、心理健康、幸福成长。国际上关于学校积极心理学的研究正在兴起，其最重要的标志是 2009 年、2014 年、2022 年共有三版《学校积极心理学手册》出版。第一版的主编是美国辛辛那提儿童医

---

① Wissing M P. Beyond the "Third wave of positive psychology": Challenges and opportunities for future research［J］. Frontiers in Psychology, 2022(12):795067.

② Pawelski J O. Defining the "positive" in positive psychology: Part I. A descriptive analysis［J］. The Journal of Positive Psychology, 2016, 11(4):339—356.

③ Ryff C D. Positive psychology: Looking back and looking forward［J］. Frontiers in Psychology, 2022(13):840062.

院医学中心吉尔曼、美国南卡罗来纳大学休伯纳、美国加州大学圣巴巴拉分校弗隆。第二版的主编是弗隆、吉尔曼、休伯纳。第三版的主编是澳大利亚莫纳什大学艾伦、弗隆、澳大利亚墨尔本大学维拉-布罗德里克、美国南佛罗里达大学苏尔多。每本手册都汇集了世界各地专家对学校积极心理学相关主题的研究成果，从个体、学校、社区等多个层面介绍积极心理学在学生心理健康促进、学生心理健康问题预防、干预、评估、实践方面的理论与应用进展，其中也有关于中国学校积极心理学研究的进展介绍。比如，第二版中有华南师范大学田丽丽教授等撰写的《积极心理学在中国学校的应用》，第三版中有加州伯克利大学杨春燕博士撰写的《中国学校情境中的积极心理学应用》。

　　学校积极心理学的重要原理来自塞利格曼的创见。他关注积极心理学在学校的应用，并与相关学者于 2009 年合作撰写了《积极教育：积极心理学和课堂干预》一文。在这篇文章中，塞利格曼主张学校教授的技能中，既要注重教授如何取得学业成就的技能，也要注重教授幸福的技能。学校教授学生幸福技能的理由包括：帮助学生对抗抑郁，提高学生的生活满意度，帮助学生更好地学习和更具创造性思维。[1] 在学校积极心理学的原理中，积极心理学家对习得性无助、掌控感这两种相对的心理现象进行了分析。[2] 一方面，掌控感与积极情绪是相互作用的，掌控感能对抗无助感；另一方面，积极情绪来源于对才能、优势的奖励、培养、展示与应用。在具体应用项目方面，积极心理学家组织实施了美国宾夕法尼亚大学心理弹性项目、澳大利亚吉朗文法学校项目等，取得了一定的效果。从对学校积极心理学的反思来看，有学者认为：学校积极心理学的应用要取得长期效果，需要从全校层面开展干预方案设计。在方案设计的过程中，既要考虑成本与效益，注重干预方法的

---

[1] Seligman M E P, Ernst R M, Gillham J, et al. Positive education: Positive psychology and classroom interventions [J]. Oxford Review of Education, 2009, 35(3):293—311.

[2] Chafouleas S M, Bray M A. Introducing positive psychology: Finding a place within school psychology [J]. Psychology in the Schools, 2004, 41(1):1—5.

可复制性，又要加强教师培训、融入正式与非正式课程、性别差异、通过长期随访以评估结果（如给学生心理健康、学业成就带来的益处）等。①

关于学校积极心理学研究的动因与整体构想

我对积极心理学的系统学习起始于十多年前主持过以积极心理资本为主题的上海市教育科学研究项目，该课题的主要成果之一就是学林出版社出版的专著《青少年心理资本：可持续开发的心理资源》。2020 年，受上海教育出版社一位资深编辑的鼓励，我和几位对积极心理学感兴趣的同行合作编著了《积极心理学视角下中小学生心理免疫力提升指南》，以期对在重大公共卫生事件冲击下的中小学生的积极心理建设以及心理适应提供一些帮助。这两本书的出版受到了一些读者的欢迎，很多同行都给了我很大的鼓励，这进一步提振了我深入开展积极心理学的理论与教育实践应用研究的信心与动力。

动念写这本书距今也有近四年的时间，主要基于三点考虑：一是弥补研究的不足。比如，前两本书都只是从某个主题来探讨积极心理学的应用，缺少一种积极心理学学科全局的视野与统整，缺少对积极心理学的反思；有些新近的理论在前两本书中体现得不足。这十多年，我在积极心理学方面从未停止过学习与思考，研读了大量国内外文献，一直试图追踪国内外学术前沿，完成了一定的思想与案例积累，需要把很多零散的思考、研究、资料系统集成，为积极心理学的学科建设贡献绵薄之力。二是顺应现实的需求。近年来，随着经济社会的快速发展、成长环境的不断变化，叠加重大公共卫生事件、学业压力、家庭关系与功能失调、网络诱导、社会竞争等多重因素影响，学生的心理健康问题日益凸显，已成为党中央关心、人民关切、社

---

① Michael K, Reppa G, Ioannidou L. Applying positive psychology in school settings: Effectiveness and challenges［M］//Ioannidou L, Argyriadi A. Building mental resilience in children: Positive psychology, emotional intelligence, and play. Hershey, PA: IGI Global, 2024: 38—65.

会关注的重大课题。此外，在学校教育中，还存在重学科知识传授、轻生命情感培养，重解题训练、轻人格养成等顽疾。随着乌卡（VUCA，分别指 volatility——易变性，uncertainty——不确定性，complexity——复杂性，ambiguity——模糊性）时代的到来，我国社会发展呈现新的特征，如城乡界限不再泾渭分明、人口流动性增强、价值取向多元化、民众利益诉求复杂多变、社会矛盾增加，数字化加剧了社会系统的复杂性与不确定性。积极心理学对于当代学生以何种情绪、品质应对个体与自我、个体与他人、个体与社会的复杂关系具有一定的思想启发。三是关注政策的导向。2023 年，教育部等十七部门印发《全面加强和改进新时代学生心理健康工作专项行动计划（2023—2025 年）》，这标志着学生心理健康工作上升为国家战略。在该文件中，特别提出学生心理健康工作要"预防为主、关口前移"，培育学生"积极心理品质"。总之，从个人研究积累、学生实际需求、国家政策要求来看，探讨学校积极心理学的应用正当其时。一方面，从凯斯等积极心理学家提出的完整心理健康理论来看，我们既要帮助少数有心理问题的学生从问题中走出来，也要关注全体学生的积极心理健康促进。积极心理学不仅有积极心理治疗的思想与方法，也有促进学生积极情绪、幸福感等积极心理因素改善的原理与路径。积极心理资源是所有人在压力与动荡中保持内核稳定的关键要素，也是促进所有人积极发展的重要心理支撑。另一方面，积极心理学已纳入国家宏观政策设计的思路之中，但需要在"打通最后一公里"的落地之战中继续发挥作用。基于上述背景，我将本书取名为《学校积极心理学：从观念到行动》。积极心理学的理论包含三大支柱、幸福五元素、24 种性格优势、积极情绪的拓展与建构理论、心流理论等，内容丰富。如何将其梳理成可以应用于学校情境的框架，推动积极心理学在学校教育领域从一种思想、观念走向实践、行动是本书的基本立意。工作需要的原因，近几年我多次参与学生严重心理危机事件的分析与报告撰写工作。当了解到极个别本应该是天真烂漫、朝气蓬勃、积极向上的儿童青少年出现极端事件的时候，在扼腕叹息之余，作为一个心理学工作者，我总在思考做点有益于儿童青少年健康成长的实事，哪怕是做点科普工作也是值得的。每个人都渴望活出心花怒放（积极心理学家用的词语是 flourishing）的人生，对于还有无限潜能的儿童青少年而言，他们更不能被暂时的心理困境击垮。在当前充满风险与挑战的社会环境中，如果有一种创造并享受幸福体验的能力以及摧而不垮、愈挫弥坚的积极心理品质，个体终究会向上生长。《人民日报》上曾有金句：跟随光，遇见光，靠近光，追逐光，成为光，散发光。只要朝着有光的那一边走，哪怕现在没有光也没事。让广大学生的心态更加阳光是学校积极心理学的重要使命。对照"兴于诗、立于礼、成于乐"的个体成长序列，现有的教育如果在儿童早期就过于强调知识的学习，忽视积极情绪情感的激发与培育，将不利于儿童青少年身心的和谐发展。要让时代新人摆脱成人成才困境，担当民族复兴大任，成为德智体美劳全面发展的建设者和接班人，必须要培养学生积极的生命气象与状态。因此，学校积极心理学工作者既需要理论创新，更需要推动实践的改进。

本书在谋篇布局上，力图呈现学校积极心理学的基本框架（即积极主观体验、积极个人特质、积极机构三大支柱）、理论进展与应用案例。

第一章：重点阐述积极心理学对于学生发展的核心价值——从负面体验到幸福感：促进学生的积极发展就是对心理健康问题的最好预防。

第二章：主要讲从积极心理学到学校积极心理学这样一个新兴的研究领域的学科概况。包括积极心理学概述及其教育启示（积极心理学的哲学基础，积极心理学的发展历程，积极心理学的核心理论，积极心理健康理论及其教育启示），学校积极心理学是学校心理学与积极心理学的交叉产物（国外学校积极心理学的研究趋势，国内学校积极心理学的研究现状），学校积极心理学应用的核心目标是促进学生积极发展与幸福成长（心理健康的核心指标——幸福感，享乐论的幸福观与实现论的幸福观，积极心理学关于幸福要素的研究，当代大中小学生幸福感现状及其提升需求）。

第三章：主要讲培育学生的积极情绪——建构学生积极发展的第一大支柱。包括积极情绪概述；与过去的联结：感恩的培育；与现在的联结：心流的形成；与未来的联结：希望与乐观水平的提升。

第四章：主要讲培养学生的积极心理品质——涵育学生积极发展的第二大支柱。包括积极心理品质概述，积极心理品质培养的重点——心理弹性培养，应对压力与逆境的积极心理资源——心理资本，积极心理学在学习中的应用——积极学习。

第五章：主要讲建设积极的组织系统——打造学生积极发展的第三大支柱。主要包括建设幸福校园（从思想上，改变重认知能力、轻非认知能力的倾向；从机制上，依托全员育人，加强对学生成长关心关爱；从关系上，以积极师生互动促进学生心理幸福感提升；从教学上，在学科教学中关注学生情绪感受与回应；从活动上，组织开展增强学生积极体验的实践活动；从环境上，创设友善、温暖的校园氛围、班级氛围；从保障上，以教师自身心理健康引领学生健康成长），系统推进教育生态的积极变化（优化家长的教养方式：建立积极的亲子关系、提升家庭功能；建设清朗的网络环境：预防网络欺凌、防止网络沉迷、做好个人信息网络保护；培育积极的社会心态：减少社会内卷与社会焦虑传递）。

第六章：对推进学校积极心理学的系统应用、谋求学生心理健康工作的高质量发展进行展望。

总体而言，本书以积极心理学理论为指导，将问题导向与优势导向相结合、前沿理论与一线实践相结合，从学校积极心理学概述、促进学生积极发展的三大支柱（培育学生的积极情绪、培养学生的积极心理品质、打造积极的组织系统）等方面系统阐述学校积极心理学应用的理论依据、操作路径、实践建议，为学生、教师、校长、家长等共同建设学生积极心理心态、促进学生幸福成长提供理论与实践参考。全书力图凸显科学性、前沿性、应用性三个特征。第一是科学性。时至今日，积极心理学可谓群星璀璨。权威积极心理学家在诸多主题开展了创新性的研究：塞利格曼、迪纳、里夫、凯斯等人关于幸福的理论，弗雷德里克森关于积极情绪的拓展与建构理论，埃蒙斯关于感恩的研究，契克森米哈赖关于心流的研究，斯奈德关于希望的研究，塞利格曼、彼得森关于乐观的研究，彼得森、塞利格曼关于美德与性格优势的研究，马斯滕等人关于心理弹性的研究，等等。本书对这些理论都有引用，或者解读、评价。第二是前沿性。笔者试图追踪学术前沿，在本书的写作中引用了不少新近、权威的研究成果，并结合当前学校心理健康教育的最新实践，探讨相关的应用转化思路。第三是应用性。在积极心理学的每个主题上，本书除了有理论阐述之外，还花了较多的篇幅呈现应用路径的探索、实践案例的分享。

由于学识水平与精力有限，书中定有不少疏漏之处，敬请方家批评指正，欢迎各位同行一起探讨与交流（邮箱 zzmin@cnsaes.org.cn），共同推进学校积极心理学的理论发展与应用推广。

是为序。

2025 年春

目　录

第一章　促进学生的积极发展：
从负面体验到幸福感

　　儿童青少年阶段是个体心理发展至关重要的时期。随着社会环境的不断变化，儿童青少年面临的心理健康挑战愈加复杂。心理健康素养的提升不仅能帮助学生应对心理困扰，更能促进其积极心态和幸福感的培养，成为预防心理健康问题的最佳策略。促进学生的积极发展，就是对心理健康问题的最好预防。为实现这一目标，教育工作者需要构建理论体系、制定实践路径，并通过系统的心理健康素养培育提升学生的心理素质。

第一节　促进学生积极发展的理论

　　促进学生的积极发展，最重要的理论依据就是积极心理学。自诞生以来，心理学履行着三重使命：治疗精神疾病，使人的生活更有成效、更充实，以及识别和培养高层次人才。第二次世界大战后，鉴于大量士兵经历了战争的心理创伤等原因，心理学研究主要聚焦在心理疾病的治疗。然而，进入 20 世纪末，塞利格曼等学者对心理学发展的状况进行了总结与反思：一方面，心理学成功地在治疗心理障碍（如抑郁症、焦虑症和恐惧症等）方面取得了显著进展，另一方面，心理学忽视了一个重要问题——究竟是什么使生活值得活下去。在这种背景下，积极心理学应运而生，提出了对人性的全新理解和信念：人们不仅仅渴望消除痛苦，更渴望过上有意义和充实的生活，提升自己在生活、工作和娱乐中的体验，发挥个人的最佳潜能。心理学的目标不仅是治疗创伤，更要培养个人的优势，帮助人们追求更美好、更有意义的生活。因此，塞利格曼提出了积极心理学的理论核心：既要关注人类的弱点，也要关注人类的优势；既要关注易感性，也要关注心理韧性；既要治疗疾病，也要促进健康。

具体而言，1998 年，塞利格曼在美国心理学会主席演讲中，倡导要加大对积极心理学的研究。他呼吁将心理学的研究焦点进行重要转移，从研究和试图澄清人类行为的最坏一面转向研究和促进人类行为的最好一面。他询问听众为什么心理学不应该研究类似"愉快和勇气"这样的东西。他通过指出心理学的不平衡来支持积极心理学，希望积极心理学能帮助拓展心理学的研究范围，从疾病模型转向对健康人类的功能和潜力的研究。在他演讲结束时，听众热烈鼓掌，对其观点反响热烈。

2000 年，塞利格曼等人正式提出了积极心理学的概念，通过开发人类优势与美德以达成最优功能与幸福。这一理论的标志性事件是，2000 年 1 月，塞利格曼等学者在《美国心理学家》杂志上开辟专栏，用 16 篇文章系统阐述积极心理学的理论主张和关键领域，涵盖了诸如幸福的进化、生物-文化视角下的个体发展、主观幸福感、乐观、心理资源、智慧、卓越、创造力等重要话题。

积极心理学为促进学生的积极发展提供了重要的理论基础，强调通过培养个体的心理优势和积极品质，推动个人和群体的整体幸福和功能提升。

第二节　促进学生积极发展的价值

一、促进学生积极发展需要树立积极发展观

促进学生积极发展的价值主要体现在它是对心理健康问题的最佳预防。积极发展是一种发展观，旨在理解个体成长过程中的规律，并引导我们形成科学的学生观。斯坦伯格指出，青少年期是一个充满挑战与变化的时期，尽管在此期间常常经历情绪的波动和成长的困惑，但大多数青少年并不会出现

严重的发展问题。因此，青少年并非必定经历困扰或危机，而是处在一个充满潜力的阶段。对青少年的科学研究已经经历了三个阶段：第一阶段，构建描述性理论；第二阶段，研究发展的可塑性和多样性；第三阶段，强调积极青少年发展。从发展系统理论的角度看，青少年发展的关键在于挖掘其潜力与优势，并为其提供适当的支持和机会。

在积极青少年发展观的引导下，青少年被视为具有开发潜能的个体，这种观念强调青少年不仅面临挑战，同时也拥有广泛的内外部资源。这种观点由勒纳等学者提出，主张青少年期的优势潜力来源于两大因素：一是青少年自身系统的内在变化潜力，二是青少年与复杂、多变情境的互动潜力。青少年个体与其生活环境（如家庭、学校、社区等）之间的互动，能有效促进其健康发展。通过这一理论框架，勒纳提出了青少年积极发展的"6C 模型"，即能力（Competence）、信心（Confidence）、人际联结（Connection）、品格（Character）、关心（Caring）与贡献（Contribution）。其中，"贡献"是前五项品质的表现和延伸。

积极青少年发展观中有两方面的思想对青少年发展研究有重要的启示：第一，从学生观上，强化基于优势的视角。即不要只盯着学生发展中的问题，要看到学生所拥有的内在或外在的资源。第二，从发展机制上，强调积极发展是个体因素与情境因素积极互动的结果。积极发展观特别强调个体与情境之间互动对于个体发展的作用。学校是学生参与社会互动非常重要的场所，学生主动参与学校教育教学活动、学校为学生发展提供正向支持是促进学生积极发展的重要机制。

二、"让发展走在问题的前面"是破解当前学生心理健康问题的治本之策

随着国际环境不确定性增强、我国经济社会快速发展、社会竞争加剧、网络与新媒体应用加快推进、家庭结构变化，当代学生成长的间接与直接环境都已经发生了深刻的变化，学生发展遇到的风险因素复杂多样，心理健康

问题日益凸显，学生心理行为问题发生率、精神障碍患病率和极端危机事件呈持续走高的势头。2021年，相关机构的调研发现："学习无动力、对真实世界无兴趣、社交无能力、生命无价值感"的青少年越来越多，这场以"四无"为典型特征的心理危机如同风暴席卷而来。国际上，学生心理健康问题是全球性的公共卫生问题与社会问题。美国科学促进会《科学》杂志对青少年时期心理障碍的始发与高峰情况进行了总结，指出15岁是心理疾病发生的高峰期，在青少年心理疾病患者中，五分之一的人的心理疾病将持续到成年（Lee et al., 2014），具见图1-1。

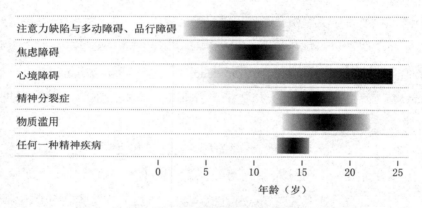

图 1-1　青少年期间出现的精神障碍及其高峰年龄

总的来看，当前学生的心理健康问题呈现高发、低龄化、疾病化的倾向，对全社会，特别是学校教育提出了巨大挑战。如何尽可能防止学生心理健康问题的发生及其不良演变，需要坚持预防为主、关口前移，这样能减少社会疾病负担，保护个体积极发展。如果学生在其发展的过程中得到了持续的心理潜能开发、积极的心理建设，就是给学生建构了重要的保护资源，以便其顺利应对发展中的各种挑战。

第三节　促进学生积极发展的行动

促进学生积极发展不仅是一种观念，更是一种行动。推动所有学生积极发展的重要路径之一就是推动学校积极心理学学科建设与理论应用，从而实现从观念到行动的转变。自 2009 年以来，学校积极心理学专家领衔编著了三本《学校积极心理学手册》。总的来看，国际同行对学校积极心理学的研究聚焦在以下五大方面：概念与理论基础，个体积极心理资产及其开发，支撑学生积极心理建设的学校情境因素与资源，国际视野下的积极教育实践，学校积极心理学研究与实践展望。这些研究成果为学校积极心理学的应用提供了非常重要的理论依据与实践参考。

积极心理学三大支柱包括积极的情绪体验（从主观层面）、积极的人格特质（从个体层面）、积极的组织机构（从群体层面）。首先，积极的人格特质的养成需要积极的情绪体验作为支撑。其次，积极的组织机构是积极情绪体验、积极人格特质培育的重要条件保障。按照这种思想与理论，学校积极心理学应用的行动框架如下：在学校情境下应用积极心理学，学校应在关注学生学业发展的同时，通过以下行动促进学生的幸福体验与积极心理发展。第一，培育学生的积极情绪体验：建构学生积极发展的第一大支柱；第二，培养学生的积极心理品质：涵育学生积极发展的第二大支柱；第三，建设积极的组织系统：打造学生积极发展的第三大支柱。

在实施行动的过程中，需要落实以下原则：

第一，科学性。学校积极心理学研究的成果日渐丰富，要筛选权威、有科学证据的理论作为教育教学实践的依据，避免犯科学性错误，保证实践工作的正确方向。此外，在学校情境中应用积极心理学，并不是要反对或者完全替代传统心理学，而是对传统心理学的补充，发挥心理学的完整功能。学校积极心理学的应用要关注心理学乃至相关学科研究成果的综合应用，打破学科藩篱，将有关促进学生积极发展的科学研究成果"为我所用"。

第二，生态性。 在学校情境中，积极心理学特别关注学生优势的培育。但是，学生优势的利用、发挥、展示、培养有其条件。学校应该建构一个有利于学生优势发挥的生态系统，从管理、课程、教学、队伍等多方面为学生的积极发展提供支持，将幸福和美好生活的各种元素有机融入学校教育教学。

第三，实效性。 在学校情境中，要落实积极心理学关注预防的思想，推动积极心理学重要分支"积极临床心理学"在学校的应用。学校积极心理学的应用要切实达成提升学生幸福感、减少学生心理问题的目标，要开展积极心理干预，做到面向全体、循证有效。

第四节　促进学生积极发展的任务

在课程与教学改革进入以"核心素养"为导向的阶段后，学生心理健康教育的目标应该聚焦于提升学生的心理健康素养。促进学生积极发展的重要任务就是全方位培育学生的心理健康素养。心理健康素养是指综合运用心理健康知识、技能和态度，保持和促进心理健康的能力。具备较高心理健康素养的个体能在面对压力、逆境或挫折时进行积极适应。心理健康素养的提升，不仅是知识的积累，更是能力和态度的培育。因此，心理健康素养的提升应当作为长期目标来设计和实施，并根据不同的教育场景和需求调整其教育方式和方法。综合国内外的研究，当下青少年心理健康素养提升路径的系统研究还有很大的空间，具体分析如下：

第一，青少年心理健康素养不容乐观。 青少年心理健康素养的现状呈现显著不足，国内外的研究均揭示了这一问题的严峻性。国内调查数据显示，青少年心理健康素养总体达标率偏低，尤其是高年级学生的专业心理求助态度明显消极。例如，中国科学院心理研究所 2020 年的研究发现，随着年级升高，青少年对心理咨询的接受度逐渐下降，高中生群体中仅 30% 愿意主动寻求专业帮助（傅小兰等，2021）。国际研究进一步佐证了这一现象，澳大利亚学者科顿等（2006）的调查表明，男性青少年对抑郁症的识别率仅为

34.5%，显著低于女性的 60.7%，反映出性别差异在心理健康素养中的深层影响。此外，家庭环境的作用不容忽视，经济条件差或父母关系紧张的家庭中，青少年更倾向于回避心理问题，甚至将求助行为视为"软弱"（傅小兰等，2021）。这些数据表明，心理健康素养的不足不仅源于知识匮乏，更与社会观念和家庭支持的缺失密切相关。

第二，青少年心理健康问题凸显，成因复杂多样。近年来，青少年心理健康问题呈现出高发性和多样性特征。国内一项元分析显示，中国初、高中生抑郁、焦虑及自我伤害行为的检出率均超过 20%（俞国良，2022）。这种现象的背后是多重压力源的叠加：一方面，青春期生理和心理的剧烈变化使青少年易陷入情绪波动与自我认同危机；另一方面，社会快速变迁带来的高学业压力、家庭期望与文化冲突进一步加剧心理负担。以亚裔美国青少年为例，刘佳丽等（2022）的研究指出，高学业竞争与内化的"模范少数族裔"刻板印象显著增加了心理疾病风险。由此可见，心理健康问题的成因并非单一，而是个体发展、家庭互动与社会环境等因素交织作用的结果。

第三，青少年心理健康素养的干预亟须系统性策略。提升青少年心理健康素养需构建多维度、多主体协同的干预体系。学校是核心阵地，但现有实践仍面临挑战。例如，瑞典学者梅拉斯等（2013）通过课程改革实验发现，将心理健康教育融入常规学科教学能有效提升学生的心理疾病识别能力，但需长期坚持才能形成稳定效果。此外，学校与家庭、社会的联动至关重要。国内《全面加强和改进新时代学生心理健康工作专项行动计划（2023—2025年）》提出，需加强家庭教育指导服务，提升社会心理服务能力。然而，干预策略的碎片化仍是主要瓶颈。国际经验表明，技术手段可弥补传统模式的不足，如乔姆（2020）倡导的"心理健康行动"理念强调通过在线平台提供匿名咨询，减少青少年对病耻感的担忧。未来需整合个体、家庭、学校和社会资源，形成从知识普及到行动支持的全链条干预，如在校园中推行同伴支持计划，同时联合社区开展文化适应性活动，减少刻板印象对心理健康的负面影响。

心理健康问题的预防不仅要消除负面体验，更要构建以幸福感为核心的积极发展路径。本书从积极心理学视角出发，围绕"促进学生积极发展"这一核心理念，系统探讨如何通过科学理论与创新实践，将学校心理健康工作从被动干预转向主动培育。后续章节将分五个维度展开：第二章梳理积极心理学与学校心理学的融合脉络，奠定理论基础；第三章聚焦积极情绪体验的培育，通过感恩、心流、希望与乐观的联结，为学生注入情感动力；第四章深入分析心理品质的涵养，以心理弹性、心理资本为核心，搭建高效学习与主动发展的积极心理支撑；第五章则从组织系统层面，提出建设幸福校园、优化教育生态的具体策略；第六章立足高质量发展背景进行展望，探讨如何推进学校积极心理学的系统应用，谋求学生心理健康工作的高质量发展。全书将整合理论与实践，呼吁通过系统化、高质量的积极心理学应用，推动学生心理健康工作迈向新阶段。旨在为教育工作者提供一套从个体到系统、从理论到行动的全方位解决方案，助力学生实现从"生存"到"繁荣"的跨越。

本章小结

依据积极心理学的理论主张，本章提出了一个核心观点——"促进学生的积极发展：从负面体验到幸福感"，并从理论基础、实践价值、关键行动、重要任务四个方面对积极发展作出了系统论述。第一，促进学生积极发展的理论基础是积极心理学。第二，促进学生积极发展的价值体现为对心理健康问题的预防作用。第三，促进学生积极发展的关键行动就是要推动学校积极心理学学科建设与理论应用。第四，促进学生积极发展的重要任务是全方位培育学生心理健康素养。本章为学校积极心理学的应用确立了核心理念，即"促进学生的积极发展"。

第二章　从积极心理学到学校积极心理学：
一个新兴的研究领域

在本章中，首先，我们将对积极心理学的核心理念进行概述，重点探讨其哲学基础、发展历程以及核心理论。积极心理学强调个体的内在积极潜力，倡导以幸福感、积极心理健康观等为核心的心理健康理论，这些理论为教育实践提供了宝贵的启示。其次，我们将深入分析学校积极心理学的概念，探究其作为学校心理学与积极心理学交叉产物的独特之处，并分析其国内外研究动向。学校积极心理学不仅注重学生的心理健康，还强调如何通过积极心理学的理念促进学生的全面发展和幸福成长。再次，我们将重点讨论学校积极心理学的核心目标，即促进学生的积极发展和幸福成长，揭示如何帮助学生在学术和社会生活中获得心理满足与内在动力。

第一节　积极心理学概述及教育启示

一、积极心理学的哲学基础

积极心理学以探索人的优势与美德为核心，致力于打破传统心理学对缺陷与疾病的过度关注，转而聚焦于如何促进个体幸福与社会繁荣。其哲学根基多元且深厚：在西方，亚里士多德的"美德伦理学"强调性格优势的培养；苏格拉底通过诘问法挑战非理性信念，为积极认知干预奠定基础；东方文化中，佛教"正念"思想与王阳明"此心光明"的心学理念从内在觉知与心性修养层面提供了智慧源泉。这些跨文化的哲学传统，共同构成了积极心理学"扬善抑恶"的理论底色。

　　从心理学的发展脉络来看，积极心理学的形成得益于多领域研究的积淀。20 世纪 30 年代，推孟对天才儿童与婚姻幸福的研究，首次将科学视角投向人类潜能与积极关系；60 年代，人本主义心理学崛起，马斯洛提出"自我实现"理论，罗杰斯倡导"以人为中心"的治疗理念，二者均强调个体内在的成长动力，成为积极心理学的重要思想源头。马斯洛的《动机与人格》这本书首次提出"走向积极的心理学"，这一主张直接推动了心理学从"修复缺陷"向"培育优势"的范式转变。

　　立足当代实践，积极心理学的哲学思想可从四个维度解析：

　　价值论： 推动心理健康服务从"疾病中心"转向"健康中心"。我国《关于加强心理健康服务的指导意见》（2016）明确提出全民心理健康素养提升目标，积极心理学恰好为此提供了理论工具。例如，通过普及幸福科学课程、推广心理弹性训练，可减少对"问题干预"的依赖，转而赋能个体实现"蓬勃发展"。

　　目的论： 心理学自诞生以来就具有治愈受创者、帮助正常人、塑造优秀者的三重功能（许燕，2024）。从扩大受众面、加强预防以及推动个体积极发展、社会进步的角度，当前积极心理学更重要的是推动后两重使命的达成，使得所有人的生活更富有成效和满足感，识别和培养高素质人才。

　　主体论： 积极心理学坚信"人是自我成长的主体"。我国政策明确提出"个体是心理健康第一责任人"，这与积极心理学强调的"自我调节能力"不谋而合。例如，正念训练、优势日记等工具的应用，正是通过激活个体内在资源实现心理赋能。

　　方法论： 积极心理学提出了三大支柱、幸福五元素、六大美德与 24 种性格优势。其中六大美德与 24 种性格优势是幸福五元素形成的基石。积极心理学主张围绕影响个体幸福的内外在因素，从个体、学校、家庭、社区等多个层面，通过测评、预防、干预等一系列路径建构三大支柱、增进个体幸福。

二、积极心理学的发展历程

积极心理学作为独立的研究领域，首次被提出的时间可以追溯到 1998 年，其在学术界的重大标志性事件是 2000 年 1 月塞利格曼等人发表了《积极心理学导论》一文。至今，积极心理学已经走过了二十多年的发展历程，成为促进全人类积极发展的重要思想运动。

目前，积极心理学已经形成了系统的学术组织（如国际积极心理学协会）、研究机构（如积极心理学研究中心）、专业队伍（如积极心理学家以及通过积极心理学学历与证书培训项目培养的专业人才）和学术刊物等。2014 年，清华大学成立了积极心理学研究中心；2019 年，上海市心理学会积极心理学专业委员会正式成立；2020 年，中国心理学会积极心理学专业委员会也正式投入工作。清华大学彭凯平教授、浙江师范大学任俊教授、北京师范大学刘翔平教授、中国教育科学研究院孟万金研究员、华东师范大学席居哲教授、东北师范大学盖笑松教授等学者，结合引进国外研究成果，开展了一系列本土化研究，推动了积极心理学和积极教育的进步。

总体来看，积极心理学的发展经历了以下三个重要阶段：第一，克服了大脑的负面偏好，从传统聚焦于消极现象（如心理症状、制度问题等）的研究转向关注积极现象（如积极情绪、积极特质、积极组织等）；第二，批判了过于极端的非此即彼思维，强调积极与消极现象的意义与相对重要性，推动了更加多维的概念化，致力于将疾病模型与幸福模型结合起来；第三，超越了最初阶段的个体研究，依托神经科学、社会网络科学、系统干预等跨学科手段，关注群体、组织乃至更大规模系统的研究，探索影响个人和组织幸福感的社会文化因素与复杂过程。

积极心理学的重要启示在于，当国民的物质需求基本得到满足时，生活满意度更多地依赖于心理因素和社会因素。心理因素主要指个体对生活的积极态度，社会因素则包括社会支持、社会公正与公平等。随着我国经济社会的快速发展，以及实现小康社会目标的达成，积极心理学的应用前景愈加广阔。如何帮助个体形成积极的生活态度，如何构建促进个体积极体验与积极特质形成的制度环境，已成为当今社会发展的重要议题。2024 年，党的二十届三中全会通过了《中共中央关于进一步全面深化改革 推进中国式现代化的决定》。中国式现代化的内涵之一，就是物质文明和精神文明的协调发展。在推进现代化的过程中，各项工作必须回应人民的积极精神追求，弘扬人的精神力量，推动社会整体向更高层次发展。

总之，作为传统心理学的重要补充，积极心理学已经初步建构了自己的理论体系，并在全球范围内推动了应用实践，尤其是在学校教育、企业管理、家庭教育等领域取得了显著成效。

三、积极心理学的核心理论

积极心理学最核心的理念是倡导心理的幸福与繁荣，避免只从心理病理学的角度理解人（病理导向），心理幸福不是简单地指向没有痛苦和冲突，还应该追求更快乐、更幸福（优势导向），即不仅要活下来，而且要活得精彩。用一个通俗的比方，以往的心理学研究关注如何让人从负面的心理状态到没有心理问题，这好比关注从负数到 0，积极心理学重点关注如何让人的心理有正向的成长，这好比关注从 0 到正数。

积极心理学的三大支柱包括积极的情绪体验（如愉悦、幸福感、满足、乐观和希望）、积极的人格特质（如促进心理健康的个人优势和人类美德）、积极的组织机构。积极的情绪体验主要指向如何拥有快乐的人生；积极的人格特质（全心投入所需的积极的特征或性格优势）主要指向如何拥有投入的人生；积极的组织机构主要指向如何拥有有意义的人生，心理的繁荣需要环境支持，积极的社会制度和社区是积极的特质得以繁荣的条件。在此基础上，塞利格曼进一步提出了幸福五元素模型，即 PERMA 模型：P 指积极的情绪（positive emotion），E 指投入（engagement），R 指关系（relationships），M 指意义（meaning），A 指成就（accomplishment）。这个模型揭示了积极心理形成的机制（情绪—投入—关系—意义—成就）与来源。在最近的研究中，有学者增加了一个元素，即 H（physical health），将 PERMA 模型拓展至 PERMAH 模型，将身体健康也作为幸福的重要元素。

积极心理学将幸福作为核心概念，因此又被称为关于幸福的科学。塞利格曼构建了幸福 1.0 理论，其代表作为《真实的幸福》，该理论用 happiness 指代幸福，侧重情绪上的幸福，包括前文讨论的三个要素（快乐的人生、投入的人生、有意义的人生）。塞利格曼幸福 2.0 理论的代表作为《蓬勃发展》（又被译为《持续的幸福》），该理论用 well-being 指代幸福，更侧重人生繁荣、蓬勃发展的幸福，指向美好生活的实现，其内涵比 1.0 理论增加了关系和成就。幸福 2.0 理论模型就是前述的 PERMA 模型。

表 2-1　PERMA 模型中各元素的简要说明 [①]

元素	简要说明
积极情绪	体验积极的情绪，如幸福、满足、自豪、平静、希望、乐观、信任、自信和感恩
投入	将自己深深地沉浸在活动中，利用自己的优势来实现心流体验，这是一种最佳的状态，其标志是敏锐的注意力、高度的专注和进一步发展的内在动力
关系	拥有积极、安全、值得信任的关系
意义	有使命感和信念，并为之服务，这种使命感和信念超越了自我
成就	追求成功、掌控、能力和成就本身

积极心理学提出了六大美德与 24 种性格优势，具体如下：（1）智慧：认知维度，包括创造力、好奇心、开放思维、好学、远见；（2）勇气：情感维度，包括勇敢、坚持、正直、活力；（3）仁慈：人际维度，包括爱、善良、社会智力；（4）公正：公民性维度，包括公民精神、公平、领导力；（5）节制：做事不过分的维度，包括宽恕、谦虚、审慎、自我调节；（6）超越：与世界相联系并获得生命意义的维度，包括对美和卓越的欣赏、感恩、

① 塔亚布·拉希德，马丁·塞利格曼.积极心理学治疗手册［M］.邓之君，译.北京：中信出版集团，2020：24.

希望、幽默、精神信仰。

选择性格优势的标准：这些优势本身具有固有的道德价值，无论它们是否会带来具体的收益；能提升个人的表现、生活意义、满意度与幸福感，从而促进自我实现；构成稳定的个体差异特质，并且已经通过可靠的测量方法进行评估；与其他优势有所区分，没有重叠；其对立面是显而易见的消极特质（例如，勇气的对立面是胆怯）；当这一优势展现时，会激励他人而非打击他人（例如，这一特质应引起钦佩或尊重，而不是嫉妒、自卑或降低自我评价）；它应成为促进其发展的机构（如教育机构）的重点关注领域。这些性格优势与中国传统文化中倡导的仁、智、勇等内涵有一定的相关性，表明它们具有跨文化的普适性。此外，这些品质为人在认知、情感、信仰、意志、行为等方面的发展提供了正向的目标，为人们如何利用自身心理资源解决问题和处理人际关系提供了一种发展坐标。

积极心理学的理论体系涵盖了多个关键主题的系统研究与理论构建，包括积极情绪的拓展与建构理论、心流理论、幸福理论、希望理论、乐观理论、心理弹性理论、积极心理资本理论等。积极心理学的基本理念在日常生活中有着直观的体现。例如，微笑之于人类，如同阳光之于花朵。虽然停止哭泣的孩子不一定会立刻开始微笑，但相反，开始微笑的孩子往往会停止哭泣（Pawelski, 2016）。

四、积极心理健康理论及其教育启示

心理健康的概念界定与评估标准始终是学界争论的焦点。目前主要存在三种理论取向：心理疾病取向、积极机能取向与完全心理健康取向（尹可丽等，2011）。心理疾病取向以"无病即健康"为核心，通过测量焦虑、抑郁等消极症状评估心理健康水平，但其局限性在于忽视了"无病者"的幸福感与心理机能状态。为弥补这一缺陷，积极机能取向应运而生，强调通过主观幸福感、心理弹性等积极指标衡量心理健康，但其极端化倾向可能导致对心理疾病症状的忽视。这两种取向均将心理健康与心理疾病视为单一维度的两极，难以全面反映个体的复杂心理状态。

对此，心理健康双因素模型提出了突破性观点：心理健康与心理疾病是相互独立且并存的连续变量（Greenspoon & Saklofske, 2001）。该理论强调，真正的心理健康需同时满足两大条件——无显著心理疾病症状与高水平的幸福感及心理机能。世界卫生组织（2004）进一步明确，心理健康不仅是"无病"，更需个体具备积极适应生活压力、高效工作及社会贡献的能力。基于此，凯斯提出完全心理健康理论，将人群划分为四类：完全心理健康者（低症状、高幸福感）、部分心理健康者（低症状、低幸福感）、部分心理病态者（高症状、高幸福感）及完全心理病态者（高症状、低幸福感），具体见图 2-1（Keyes, 2007）。例如，凯斯（Keyes, 2006）对 1234 名美国青少年的研究发现，15—18 岁群体中仅 39.9% 处于"蓬勃发展"的高心理健康水平，而 54.5% 处于中等水平（即"渐渐衰弱"状态）。这一分类表明，心理健康并非非黑即白，而是存在动态连续谱，且"无病"不等于"健康"。

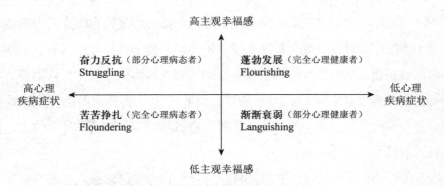

图 2-1　心理健康的分类（改编自 Keyes, 2007）

上述理论对心理健康服务具有重要启示：（1）理念革新：需摒弃单一取向，构建"无病＋积极发展"的完整心理健康观，以帮助学生从"生存"迈向"繁荣"；（2）评估优化：采用双维度工具（如心理症状筛查＋幸福感量表评估）精准分类学生心理健康状态，避免片面诊断；（3）干预分层：针对不同群体设计差异化策略——为"完全心理健康者"提供发展性支持，为"部分心理健康者"增强心理弹性，为"病态者"提供治疗与积极干预。

总之，心理健康服务需从"疾病防控"转向"积极赋能"，通过科学的理论框架与实践路径，推动学生实现心理状态的全面跃升。

第二节　学校积极心理学研究走向

根据中国学位与研究生教育学会发布的《研究生教育学科专业简介及其学位基本要求（试行版）》界定，学校心理学作为一门应用型交叉学科，聚焦于教育场域中的心理现象与实践。该学科植根于教育心理学与临床心理学理论基础，致力于通过科学方法诊断和干预儿童青少年的行为与学习问题，其核心实践领域涵盖心理教育、评估诊断、职业辅导及心理咨询等多个维度。

传统学校心理学实践以"问题导向"为特征，专业人员（如学校心理学家）多着眼于心理缺陷的识别与矫治。然而积极心理学视角的介入为该领域提供了新的范式转向。塞利格曼等学者提出的积极心理学理论强调，完整的心理服务框架应突破单纯"病理模式"的局限，转而构建包含个体优势、环境资源与系统支持的全方位发展模型。这种理论革新并非否定传统实践价值，而是通过关注正向主观体验、积极人格特质培育及支持性环境营造，形成对既有体系的有机补充。

在学校心理学实践中，积极心理学理念干预体系已渗透至多层级：微观层面注重学生积极情绪的培养与心理资本的开发；中观层面创建支持性校园文化；宏观层面构建家校社协同育人机制。这种融合性实践模式体现于心理评估工具革新、干预策略优化、咨询服务转型及管理系统升级等多个专业维度（Huebner, 2012）。学科交叉视角下的学校积极心理学，实质上构建了传统干预模式与发展性支持体系的双轨协同机制，标志着学校心理学从"矫正性服务"向"发展性支持"的范式演进。

一、国外学校积极心理学的研究趋势

以三本先后出版的《学校积极心理学手册》为参考（第一、二、三版的出版时间分别是 2009、2014、2022），可以看出学校积极心理学国际研究呈现的特点：第一，学校积极心理学研究的框架基本稳定，包括基本概念与理论研究、个体积极心理资产研究、学校积极心理环境研究、积极教育实践的国际比较研究和下一步研究展望。第二，学校积极心理学研究的内容在不断深化与更新。深化体现在对同样的主题研究更加细致、深入，更加体现拓展新的研究主题（比如，相对于第一版，第二版增加了国际视角的研究介绍。相对于前两版，第三版对个体积极心理资产研究的框架更加全面，覆盖了情绪与身体发展、社会性发展、学业发展三大领域，同时增加了智能技术的应用研究、体验取样方法的介绍、培养教师幸福感的研究）。

基亚-基廷等人（2011）整合了心理弹性和积极青少年发展模型，构建了一种面向全体青少年的健康发展模型。该模型中的风险因素和保护路径的构建主要来源于心理弹性研究，而青少年在社会生态系统中所具有的内外发展资产的提出主要来源于积极青少年发展研究。该模型指出个体、家庭、学校、社区、文化等多水平、多系统因素对风险、资产的影响，同时关注了风险因素、发展资产、保护路径、促进路径以及多种发展领域，将减少消极结果和促进积极结果结合起来。其中，保护路径一般在风险出现后才发挥作用，侧重指高风险条件下，保护因素与风险因素对抗，从而获得积极结果；促进路径指不管风险程度如何，发展资产或资源等促进因素都利于积极发展结果的达成。但是，截然区分保护因素、促进因素并不容易，保护因素有时也表现出促进作用，促进因素有时也起保护作用（Masten, 2018）。由此可见，整合式的心理健康促进模型成为学校积极心理学应用的新趋势。

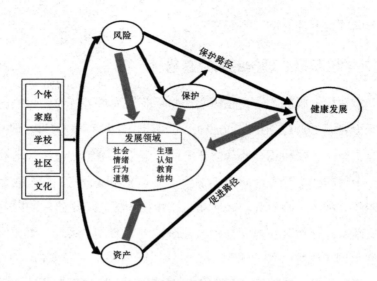

图 2-2　积极青少年发展的整合模型（Kia-Keating et al., 2011）

二、国内学校积极心理学的研究现状

　　截至 2024 年 8 月 11 日，在中国知网查阅到以"学校积极心理学"为篇名（精确）的中文论文为 0 篇，以"学校积极心理学"为篇名（模糊）的中文论文为 89 篇，最早的 1 篇论文发表在 2006 年（见图 2-3）。同期比较：在百度学术中查阅到以"positive psychology in schools"为标题的英文文献为 71 篇，最早的 1 篇文献是 2003 年发表的。由此可见，就系统研究学校积极心理学而言，相比国际同行，我国学者的研究起步稍晚。但是，探讨将积极心理学应用于学校教育的某个领域，如心理健康教育、职业学校教育、班主任工作、生命教育等，我国的研究还比较丰富（见图 2-4）。

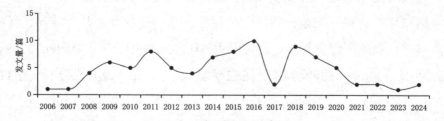

图 2-3　截至 2024 年 8 月 11 日在中国知网中查得的中文学术论文发文年度趋势

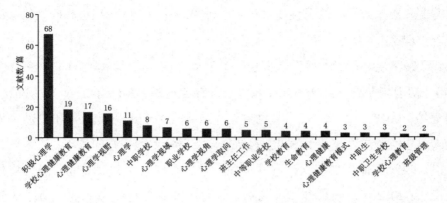

图 2-4　截至 2024 年 8 月 11 日在中国知网中查得的中文学术论文主题

　　值得一提的是，2014 年、2022 年中国学者还利用《学校积极心理学手册》这一权威的学术出版物，传播学校积极心理学在中国的研究与实践经验。

　　基于田丽丽等学者（2014）的实证研究，中国积极心理学发展呈现出学术探索与实践应用并行的特征。研究聚焦三大核心领域：主观幸福感的培育机制、心理弹性的发展路径，以及具有本土化特色的心理素质理论建构——后者作为中国心理学者的原创性理论贡献，为理解东方文化背景下的心理发展提供了独特框架。在推进跨文化研究进程中，学界特别关注测量工具的本土化调适、研究范式的文化敏感性以及理论概念的等效性验证，强调在引入国际量表时必须通过系统性信效度检验和语境适应性改造（如项目表述、价值取向校准等），以确保学术成果的科学性与实践指导价值。

　　杨春燕（2022）认为，在过去 20 年里，随着中国公众对积极心理学的日益关注，许多重要的积极心理学概念和理论被应用于中国的学校。这些工作的主要目标是促进学生和教师幸福和快乐水平的提升，提高学习和教学效果，并应对心理健康挑战。过去 20 年，中国在积极心理学方面取得了重大研究进展。虽然研究人员和从业者正在积极探索和完善具有文化适应性的方法，以促进积极心理学在中国学校的应用，但大多数关键概念和评估工具都是从西方国家引进的。此外，最初的干预研究主要集中在课堂层面。未来研究需要开展系统层面的干预项目和评估研究，进一步应用积极心理学的关键概念和理论。

我国学生心理健康教育政策经历了三个阶段：孕育与准备（1978—1999年）、初创与整合（2000—2010年）、成长与发展（2011年至今）（俞国良，琚运婷，2018）。2004年，《中共中央　国务院关于进一步加强和改进未成年人思想道德建设的若干意见》首次提出培养学生积极心理品质。进入第三阶段，政策文件更加密集，进一步强调学生心理素质和潜能的培养，具体表现在：2012年，教育部印发《中小学心理健康教育指导纲要（2012年修订）》，提出要培养学生积极乐观、健康向上的心理品质，开发心理潜能；2018年，《高等学校学生心理健康教育指导纲要》强调培育学生自尊自信、理性平和的健康心态；2023年，教育部等十七部门联合发布《全面加强和改进新时代学生心理健康工作专项行动计划（2023—2025年）》提出要培育学生热爱生活、珍视生命、自尊自信、理性平和、乐观向上的心理品质和不懈奋斗、荣辱不惊、百折不挠的意志品质。总体来看，我国的学生心理健康教育政策逐渐趋向积极导向，强调培养学生的积极心理品质和健康素养，以适应未来社会的需求。

第三节　学校积极心理学的核心目标

幸福感是积极心理学的核心概念之一。学校积极心理学应用的核心目标是促进学生的积极发展与幸福成长。

一、心理健康的核心指标：幸福感

心理健康的核心指标是个体的主观幸福感。迄今为止，对幸福感论述最为全面的是凯斯。他主张幸福感包括情绪幸福感、心理幸福感和社会幸福感。所有的幸福感指标加起来，可以表征蓬勃发展的状态（也就是完全心理健康的状态）。幸福感的所有维度的内涵如下：

表 2-2　反映蓬勃发展的心理状态的 13 个维度（Keyes, 2005）

维　度	定　　义
积极情绪（情绪幸福感）	
积极情绪	经常是开朗的，对生活感兴趣，精神振奋，开心，平静与平和，充满活力
生活满意度	对整个生活或生活领域，基本上或高度满意
积极的心理功能（心理幸福感）	
自我接纳	对自我持积极态度，认可、喜欢自我的大部分内容与个性
个人成长	寻求挑战，对自己的潜力有洞察，感到一种持续发展的感觉
生活目标	发现自己的生活有方向和意义
环境掌控	运用选择、管理和塑造个人环境以适应需求的能力
自主	以自己的、被社会接受的内部标准和价值观为指导
与他人的积极关系	有或可以建立温暖、信任的人际关系
积极的社会功能（社会幸福感）	
社会认同	对人的差异持积极态度、认可并接受
社会实现	相信人、团体和社会具有潜力并且可以积极地发展或成长
社会贡献	认为自己的日常活动对社会和他人有用并受到社会和他人的重视
社会统合感	对社会和社会生活感兴趣，并发现它们有意义且是容易理解的
社会融入	对社区的归属感以及受到社区的慰藉和支持

　　既有的主观幸福感研究一直存在两种取向，分别是享乐论幸福观和实现论幸福观。其中享乐论幸福观将幸福定位为在生活中趋乐避苦，即情绪幸福感；实现论幸福观将幸福定位为在生活中呈现出积极心理和良好的社会功能，包括心理幸福感、社会幸福感。凯斯等积极心理学家对这三类幸福感（即情绪幸福感、心理幸福感和社会幸福感）进行了综合，将之作为评估心理健康的指标。其中情绪幸福感包括 2 个维度，分别是积极情绪和生活满意度；心理幸福感包括 6 个维度，即自我接纳、个人成长、生活目标、环境掌控、自主、与他人的积极关系；社会幸福感包括 5 个维度，分别为社会认同、社会实现、社会贡献、社会统合感、社会融入（Keyes, 2005）。

　　戴维·迈尔斯（Myers, 2000）对幸福的影响因素作了综合研究。首先，他阐述了信仰和幸福之间的紧密联系。其次，他发现了促进幸福的另外两个因素是经济增长和收入（但在达到了一定的物质水平之后，金钱对幸福的影响会降低，笔者注）与亲密的人际关系。

二、当代大中小学生幸福感现状及其提升需求

幸福感并不是随年龄而呈线性增长的。对中小学幸福感的研究证据比较芜杂，比较新的权威证据是 2024 年 4 月 27 日华东师范大学举办的中国青少年社会与情感能力测评（国际第二轮）成果发布会上关于 10 岁和 15 岁青少年的幸福感调查结果，其主要结论为：10 岁组学生的心理幸福感要高于 15 岁组学生，男生往往比女生具有更高的幸福感（见图 2-5）。这提示我们：对幸福感的培育要随着年龄持续加强，因为随着个体进入青春期，对幸福感的体验可能会降低。另外，由于女生对负面情绪可能更加敏感，因此其幸福感的体验相对男生要差一些，我们要回应女生幸福感提升的需求。

基于发展心理学视角，大学生群体正经历着从青春期向成年早期的过渡与转变，其心理发展呈现出动态性、过渡性与可塑性特征。据 2022 年中国科学院心理研究所的调查，尽管 74.1% 的大学生达到生活满意基线，但睡眠质量异常群体的心理健康指数显著低于正常群体，且焦虑检出率（45.28%）较抑郁（21.48%）呈现倍增态势（傅小兰等，2023）。这本质上反映了传统

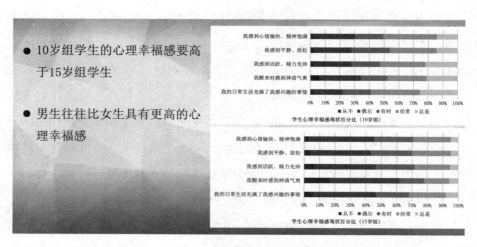

图 2-5   中国青少年社会与情感能力测评（国际第二轮）结果

教育范式对"发展性需求"的响应滞后，需要通过积极心理干预重构校园支持系统。

总的来看，研究与应用学校积极心理学具有非常重要的价值。学校积极心理学能帮助我们重新认识学校的功能，兼顾学生学业发展与幸福成长。其应用能推动积极心理学与学校教育的有机融合，帮助师生在学校教育情境下释放潜能、获得蓬勃发展，成为一个有幸福体验、有幸福能力的个体。

随着社会的快速发展和教育模式的变革，关注学生知识与技能培养的传统教育已逐渐向更加关注包括积极情绪情感、积极人格特质在内的学生综合素养方向转变。积极心理学作为一种全新的心理学流派，主张关注个体的积极特质、潜力与发展，倡导心理健康的全面提升。自20世纪90年代末以来，积极心理学逐渐成为心理学研究的一个重要方向，并且其理论和方法开始广泛应用于教育领域。学校积极心理学结合了学校心理学和积极心理学的核心理念，是两大领域交叉的产物，旨在为学生的全面发展提供理论支持和实践指导。通过提升学生的积极情绪、幸福感和心理弹性，学校积极心理学的应用不仅有助于学生应对学业压力，还能促进其长期的心理健康和幸福成长。

本章小结

本章对学校积极心理学这个新兴的研究领域进行了介绍和评述。第一，阐述了学校积极心理学的"母体学科"之一——积极心理学的概貌及其教育启示。积极心理学提出的三大支柱、幸福五元素、六大美德与24种性格优势、积极心理健康理论等为学校积极心理学的发展奠定了重要的理论基础。第二，从学科交叉的视角阐述学校心理学与积极心理学的融合趋势，并基于文献分析，介绍了国外学校积极心理学的研究趋势以及国内学校积极心理学的研究现状。第三，分析了学校积极心理学的核心目标即促进学生积极发展与幸福成长，并重点介绍了心理健康的核心指标——幸福感的多种维度以及当代大中小学生幸福感现状及其提升需求。本章为全书提供了重要的理论铺垫。

第三章 培育学生的积极情绪体验：
学生积极发展的第一大支柱

根据积极心理学的理论，学生积极发展与幸福成长的三大支柱分别是培育学生的积极情绪体验、培养学生积极的人格特质和建设积极的组织机构。本章具体阐述如何建构学生积极发展的第一大支柱，即培育学生的积极情绪体验，首先对积极情绪进行概述，然后从个体与过去、现在、未来积极联结的角度，对感恩、心流、希望和乐观的培育进行翔实的介绍。

第一节 幸福的种子：积极情绪概述

一、积极情绪及其相关概念

快乐总是稍纵即逝，而悲伤却很容易铭记于心。可见，人们会更加关注消极情绪。对积极情绪的研究也不如对消极情绪的研究丰富。19世纪末20世纪初，对积极情绪的广泛研究开始出现。

积极情绪。 国外学者弗雷德里克森认为，当个体的身体和心理的需要被满足后所产生的那种伴有愉悦主观体验的情绪状态就是积极情绪，如喜悦、感恩、宁静、有趣、希望、自豪、逗趣、激励、敬佩、爱。国内学者认为，积极情绪是与个体需要的满足相联系、伴随愉悦主观体验的情绪状态，既包括短暂的情绪状态，如高兴、快乐、感激、兴趣、满意等，也包括弥散持续的积极心境（王振宏等，2011）。总体上看，国内外学者都认为积极情绪与需要的满足息息相关，积极情绪的性质是愉悦的，积极情绪的种类是多样的。

积极率。 消极情绪反映的是客观事物与个体身心需要之间的不匹配。消极情绪就像是警报信号，提醒我们快快采取行动来保护自己，适度的消极情绪对人类的生存很有帮助，如恐惧让人远离危险。但消极情绪会窄化个体的思想和行为，从而无法应对直接的威胁或问题。消极情绪不是越少越好，积极情绪也不是越多越好。弗雷德里克森提出了积极率（即积极情绪与消极情绪的比值）的概念，并对积极情绪与消极情绪的最佳配比进行了研究，研究结果表明：个体要达到幸福的状态，其积极情绪与消极情绪的比例大约为 3:1（Fredrickson, 2013；骆宏、张春红, 2013）。也就是说，当人在社会生活中拥有 1 分的消极情绪时，再加上 3 分的积极情绪就能重新充满活力。总之，消极情绪有助于我们生存，积极情绪让我们更加坚韧，能促进我们成长，保持一定的积极率，做到积极情绪和消极情绪的共存与平衡才是最佳的状态。

情绪弹性。 情绪弹性的概念来源于心理弹性。心理学家最早关于心理弹性的科学研究可追溯到沃纳等人从 1955 年开始主持的对夏威夷考艾岛 600 多名儿童的 32 年追踪研究（Werner, 2004）。在心理学研究中，resilience 有多种译法，如心理弹性、抗逆力等（席居哲、桑标、左志宏, 2008）。诸多研究者认为，心理弹性是人类适应系统的正常功能，其核心是指压力或逆境下的积极适应（Masten, 2001）。由于不同心理弹性研究者在概念定义、测量、结果变量的选择上有很大的差异，因此，有研究者认为接受心理弹性的具体领域定义（如社会弹性、学业弹性、情绪弹性等）更有用，可能对人的发展产生更有针对性的见解。如果对心理弹性的具体领域进行深入的研究，那么具体领域的心理弹性的发展规律就可能被揭示，这样得出的研究结论将更富针对性（Olsson, Bond, Burns, Vella-Brodrick, & Sawyer, 2003）。情绪弹性正是在这样的背景下被提出的。

情绪弹性是指对适应逆境的情绪资源的灵活使用（Waugh, Wager, Fredrickson, Noll, & Taylor, 2008），或作为连接资源和适应结果的过程（Norris et al., 2008）。戴维森（2000）认为，情绪弹性是指个体即使遇到了压力和逆境，仍能产生积极情绪的能力，以及从消极情绪中恢复的能力。个体过于容易产生积极情绪（情绪弹性过高，如躁狂症患者容易情绪高涨），或者从消极情绪恢复过慢（情绪弹性过低，如一直陷入抑郁情绪而不能自拔）都不利于心理健康。

积极情绪与心理弹性存在相互作用。根据弗雷德里克森（1998）提出的积极情绪拓展与建构理论，积极情绪在心理资源建构中发挥着重要的功能，心理弹性这种心理资源是积极情绪累积的结果。此外，个体不断增长的心理弹性可能会带来更多的积极情绪。第一，有研究探讨了不同心理弹性的大学新生、初中生的积极情绪特征，结果表明，对这两类群体而言，高心理弹性个体都比低心理弹性个体具有更高的积极情绪（应湘、白景瑞，2010；应湘、白景瑞、郭绵玲、方佳燕，2014）。相对于低心理弹性个体而言，高心理弹性个体在应对时可能自动激活积极情绪，高心理弹性者的核心特征是情绪更加积极（Fredrickson，2011）。第二，关于心理弹性促进积极情绪产生的机制研究。如图加德和弗雷德里克森（2007）认为即使在压力下，积极的重新评价也能促进积极情绪的产生。第三，采用横断或追踪研究探讨积极情绪在心理弹性与其他结果变量之间的中介作用。多项横断研究探讨了成人积极情绪在心理弹性与其他变量之间的中介作用，结果表明，心理弹性与积极情绪正相关显著，积极情绪在心理弹性与相关结果变量（如创伤后成长、压力适应、挫折承受力、工作倦怠）之间起部分中介作用（崔丽霞、殷乐、雷雳，2012; Kong et al., 2018；张阔、张雯惠、杨珂、吴捷，2015；周妍、蔡明，2013）。也有追踪研究探讨了积极情绪在心理弹性与其他结果变量之间的中介作用。有研究对美国46名大学生在两个时间点分别进行了测试，一个时间点是在"9·11"恐怖袭击之前的2001年初，一个时间点是在"9·11"恐怖袭击后（在2001年9月23日至11月6日之间）。研究结果表明，在事件后体验到的积极情绪（如感恩、兴趣、爱等）能完全中介事件前心理弹性与事件后抑郁之间的关系，有心理弹性的人利用事件后的积极情绪缓冲了抑郁（Fredrickson, Tugade, Waugh, & Larkin, 2003）。有研究对95名慢性疼痛成人患者进行了追踪研究，探讨心理弹性如何通过积极情绪减少疼痛灾难性想法，结果表明：与低心理弹性个体相比，高心理弹性个体的积极情绪水平更高，日常疼痛灾难性想法更少，心理弹性高的个体更易通过积极情绪的体验从日常的疼痛灾难性想法中恢复过来（Ong, Zautra, & Reid, 2010）。

二、积极情绪对身心健康的价值

随着研究的深入，积极情绪对心理健康的价值引起了更多的重视。消极情绪容易让人产生特定的行为（如恐惧引发逃跑，生气引发攻击行为，厌恶引发对厌恶对象的驱逐行为），会窄化人的行为选择。与消极情绪的行为后果不同，积极情绪导致通用的行为倾向，即趋近或继续从事让人获得积极体验的活动，能拓展行动空间，如感到有趣会促发玩的行为，快乐促发探索的行为，满足促发品味、整合的行为，爱是有趣、快乐、满足等情绪的综合体，爱在安全、亲密的情境中被体验，推动了与所爱的人共同的积极行为（如玩耍、探索、品味等）的循环（Fredrickson, 2004; Catalino & Fredrickson, 2011）。探索、学习、连接、最终建构新的资源等这种动态过程的启动需要积极情绪。

积极情绪拓展和建构理论揭示了积极情绪如何促使人们前进，达到心理更健康的境界。所谓拓展，侧重指积极情绪的即时效应，即积极情绪扩大了个体的注意范围以及思考与行为的空间。所谓建构，侧重指积极情绪的长期效应，即随着积极情绪的反复体验以及思维方式、行为能力的不断拓展，积极情绪会发挥建构持久资源的能力。这些持久的资源包括身体资源（如身体健康状况、睡眠时间），心理资源（如心理弹性、环境掌控能力、正念、品味），社会资源（如与他人的关系、接受或给予社会支持的能力）。这些改善后的资源会进一步增加积极情绪，从而出现积极情绪的"螺旋上升"效应。此外，积极情绪还具有"抵消效应"，就是能帮助个体加速在消极情绪中的心血管恢复，从开阔的心态中获益，成功地调节消极情绪体验。积极情绪对压力的缓冲效应可见图 3-1，该图提出了关于积极情绪如何缓冲应激反应的神经生物学机制的理论解释。参与积极情绪和奖励处理的神经化学系统（μ- 阿片受体系统、内源性大麻素系统、催产素系统、多巴胺系统）抑制警报信号，从而减少不同能量动员系统的应激反应，包括杏仁核 -HAP 轴（下丘脑-垂体-肾上腺轴）、LC-NE（蓝斑-去甲肾上腺素）系统和交感神经系统。

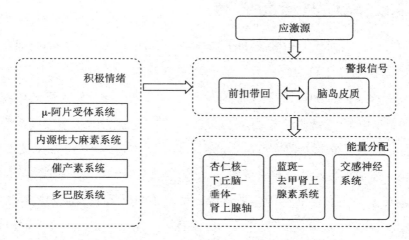

图 3-1 积极情绪缓冲应激反应的神经生物学机制
（Steenbergen et al., 2021）

积极情绪与心理健康之间关系的研究已经比较丰富。有研究者主张积极情绪本身就是心理健康的一部分，把积极情绪作为心理健康的一个因素（Keyes, 2007）。更多的研究者把积极情绪与心理健康视为两个不同的变量，在各自研究中对积极情绪、心理健康进行操作性定义，用相应的测量工具来测量（鲍娜、范翠英、魏华、赵竞、吴姝欣，2012; Fredrickson, 2018；王振宏、吕薇、杜娟、王克静，2011；赵晶、罗峥、王雪，2010）。积极情绪是一种愉悦的主观体验，也包括弥散持续的积极心境。心理健康是个体整体心理素质的功能性成分，受多种因素的影响（陈良、张大均，2009）。因此，相比积极情绪，心理健康的范畴更大且相对稳定，一般在研究中被作为结果变量。不少研究将积极情绪、心理健康作为相对独立的变量来开展研究，并将心理健康作为结果变量。

　　积极情绪与心理健康之间关系的研究取得了比较一致的结论，即积极情绪能对心理健康起到促进作用（董妍、王琦、邢采，2012; Fredrickson, 2018；王振宏、王永、王克静、吕薇，2010）。积极情绪可以帮助个体缓解抑郁、恐惧、焦虑等心理问题，使人处在健康、幸福和快乐的主观感受与体验中。积极情绪对心理健康的促进依靠一些特定的途径与方式，如加强个体生理健康、扩展个体的认知能力、帮助个体采取乐观的认知方式、积极地应对、获得较多的社会支持等，在消除个体心理障碍、促进个体心理健康方面，培养积极情绪是一条有效途径（周仁来、罗新玉，2009）。有研究者还构建了生活方式改变的螺旋上升理论，以此作为理论框架解释积极情绪改变人们未来健康行为的机制（Fredrickson & Joiner, 2018），具体见图 3-2。从内循环来看，积极情绪能激发个体投入健康行为的无意识动机，进而表现出健康行为，而个体也可以从健康行为中进一步体验到积极情绪；从外循环来看，积极情绪能直接推动生理、心理资源的建构。弗雷德里克森和乔伊纳（2018）认为，积极情绪及其引发的无意识动机（喜欢正在做的事情，或者想要做某事）是丰富的内源性资源，这些内源性资源有很大的开发空间，人们可利用这种内源性资源来激发螺旋式上升的过程，从而改善他们的健康和

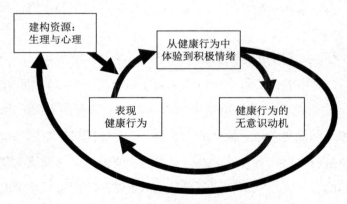

图 3-2　积极情绪促进健康的螺旋上升模型 [1]

---

[1]　来源：FREDRICKSON B L, JOINER T. Reflections on positive emotions and upward spirals ［J］. Perspectives on Psychological Science，2018，13（2）:194—199.

幸福状况。

由此看来，积极情绪能建构有利于个体心理健康的心理资源，帮助个体抑制无端的消极情绪，是心理健康、幸福感的重要指标，好比"幸福的种子"。

三、学生积极情绪培育的必要性

2012 年 12 月 7 日，教育部印发了《中小学心理健康教育指导纲要（2012 年修订）》。根据该文件要求，要把增强调控情绪能力作为中小学心理健康教育的具体目标之一，把情绪调适作为中小学心理健康教育的重点内容之一。在该文件提出的分阶段心理健康教育内容中，对情绪调适的教育内容作了细化：小学低年级主要是帮助学生初步学会自我控制；小学中年级主要是引导学生在学习生活中感受解决困难的快乐，学会体验情绪并表达情绪；小学高年级主要是帮助学生正确面对厌学等负面情绪，学会恰当地、正确地体验情绪和表达情绪；初中年级主要是鼓励学生进行积极的情绪体验与表达，并对自己的情绪进行有效管理，正确处理厌学心理；高中年级主要是帮助学生克服考试焦虑，促进人际间的积极情感反应和体验。由此可见，对情绪调适而言，无论是消极情绪的管理，还是积极情绪的表达，都纳入了该文件的视野。

大中小学生，特别是进入青少年时期的学生，其情绪反应增强，但认知控制能力与之还不匹配。青少年负责认知控制的脑区（如前额叶皮层）还未发育成熟，对情绪相关神经网络（如边缘系统）的控制有限，加之青少年激素的激增，因此青少年对情绪刺激敏感，容易出现极端情绪和情绪控制不良。从发育进程来看，青少年这种自身发展不匹配、不协调状况就好比一辆待装备完整的车，装满汽油，油门十足，但是该车的刹车系统还没装好，还不成熟。

曹晓华等人（2014）认为，青少年处于蓬勃发展的时期，他们以独特的方式感知和应对外部世界，特别是在有情绪刺激的情境下，青少年的自我控制能力急剧减弱，但是社会敏感性明显增强。因此，青少年期又称暴风骤雨期或狂飙期，其情绪通常会起伏不定。青少年不论是在积极情绪还是消极情绪上，其情绪反应都比较强烈。青少年不仅需要学会管理过强的消极情绪，还需要学会恰当、正确地培育积极情绪。如何培育一定的积极情绪，促进积极情绪与消极情绪的平衡，对青少年顺利地度过情绪激荡期、维护心理健康具有重要的价值。

"让我送你一对'乐学'的翅膀"案例印证了青少年积极情绪培育的必要性。小昱学业成绩较差，在学习上屡遭失败，常受到家长的责备、教师的批评、同学的冷遇，久而久之就产生了厌学情绪。心理教师与他多次接触，惊异地发现，从来没看到他笑过，心理教师和他商量能不能学会多微笑。在心理教师循循善诱、不断鼓励下，他终于肯给心理健康教师一个"面子"——小昱笑了。同时，心理教师和学科教师沟通，建议学科教师在课堂教学中创造机会，请小昱回答问题，并给予鼓励与积极反馈。这样下来，他一连好几天学习兴致高涨。这一笑，能让小昱尽快从学业压力中释放出来，从厌学情绪中挣脱出来，怎么不令人欢欣鼓舞？由此可见，微笑能给人带来积极情绪，能推动人心态的改善。

需要说明的是，积极情绪也具有两面性。虽然培育积极情绪很有必要，但积极情绪贵在适度，过度或失调的积极情绪也会导致负面结果。格鲁伯等人（2015）探讨了积极情绪与精神障碍之间的关系，他们的研究表明，过度的积极情绪对一系列临床综合征有显著的预测作用，包括非法和有问题的药物和酒精使用、冒险的性行为、贪食症、赌博、高死亡率等。此外，不能对过高积极情绪进行减弱调节的个体容易患躁狂症。

四、学生积极情绪培育的实践路径

当个体达到了身心所需要的目的时，原有的紧张就会被解除，此时个体就会体验到积极情绪。积极情绪的产生并不难，在日常生活事件（如游戏、运动、学习、助人、与人交流互动、从事富有精神追求的活动）中就能产生积极情绪。福克曼和莫斯科维茨（2000）认为有三种应对机制可以产生积极情绪：积极重评；聚焦问题的应对；创造积极事件（或者对中性事件赋予积极意义，如幽默表达）。认知控制，社会关系，培育积极情绪的活动、策略和干预措施，个体发展历程中环境、情境因素均与积极情绪有密切的关系（见图 3-3）。

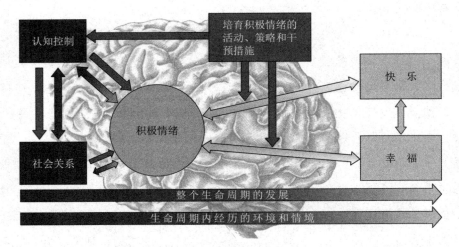

图 3-3　影响快乐和幸福结果的积极情绪心理相关因素的概念模型[①]

积极情绪这种丰富的内源性资源尚待发现，人们可以利用这种内源性资源来引发螺旋式上升效应（这种螺旋式上升效应是指积极情绪帮助人们建构心理资源，而更多的心理资源又会带来更多的积极情绪，如此形成良性循环），从而改善人们的健康和幸福状况。找到培育积极情绪的方法，就能开辟通向健康和幸福的道路。

凯斯认为，积极情绪通常表现为开朗、对生活感兴趣、精神振奋、开心、平静与平和、充满活力等状态。这些状态都是可以培育的，也是可以积累的。弗雷德里克森认为，每个时刻都可能是"积极的微小时刻"。个体与

① 文献来源：ALEXANDER R, ARAGÓN O R, BOOKWALA J, et al. The neuroscience of positive emotions and affect: implications for cultivating happiness and wellbeing [J]. Neuroscience & Biobehavioral Reviews, 2020(121):220—249.

自我的积极对话以及与他人、环境的积极互动能给人带来愉悦的体验，这对学生积极情绪的培育提供了重要启示。根据张沛琳等人的研究，按照时间维度，积极情绪的来源可以分为当下、过去和未来三类，这为学生积极情绪的培育（特别是自主培育积极情绪）提供了思路与方法。

（一）从当下汲取积极情绪：体验"愉悦""满足"的积极情绪

首先，挖掘优势所在，获取掌控感。可以通过自我回顾和询问他人两种途径，找到自己的优势所在。当在做自己擅长的事情时，个体会重新获得一种对于当前生活的掌控感，有利于帮助个体驱散内心的无助感和消极情绪。掌控感也是心流体验的重要组成部分。心流体验的获得，第一要设定明确具体的可操作性目标，并主动寻求反馈；第二是尝试做一些有挑战性但又可实现的事情；第三是尽可能减少外界的干扰。

其次，主动亲近自然，享受真实感。亲近自然、沐浴阳光、户外运动等与大自然的积极互动能给个体带来积极情绪，让人身心放松。可以选择在有阳光的地方享受阳光的温暖。每日清晨起床后，把室内的窗帘都拉开，呼吸新鲜空气、伸个懒腰。在学习一段时间后，就站起来眺望一下远处的风景，感受大自然这般真实的美好。运动能帮助身体各大系统的交互，促进自我更新、重现活力，带来积极的情绪体验。

再次，关注当下体验，点亮心中正念。通过简易的正念呼吸，体验正念技术。例如，将注意力放在自己的呼吸上，深吸气时，做到气沉丹田，先使腹部膨胀，然后使胸部膨胀，达到极限后，屏气几秒钟，逐渐呼出气体；呼气时，先收缩胸部，再收缩腹部，尽量排出肺内气体。在整个过程中应做到：有意觉察，关注当下，保持接纳的态度，不加评判。

（二）向过去汲取积极情绪：体验"感恩"的积极情绪

可尝试的具体做法是记录感恩日志，收藏满足感。养成写感恩日志的习惯，不仅能帮个体留住当时那份难得的喜悦，还能时刻提醒个体把注意力停留在事物积极美好的那一面。在日志中，每天记录3件让自己感动的事情就好。当然个体也可以把感恩转化为帮助他人的行动，试着写一封信、画一张画、唱一首歌等，用自己的方式来表达内心的感恩。

（三）向未来汲取积极情绪：体验"希望"与"乐观"的积极情绪

首先，制作梦想清单，增强意义感。有一句电影台词是这么说的："人生就像一场射箭，如果没有箭靶子，那么每天拉弓又有什么意义？"制作梦想清单能帮助我们找到意义感，具体操作步骤可参考如下：第一步，拿出一张白纸，分条写下未来自己希望拥有的生活，可以在网上搜索相似的画面并画在一旁，让梦想被"看见"；第二步，闭上眼睛，想象梦想实现后的画面，反复修改清单；第三步，拿出另一张白纸，列出现在的自己能为了实现这个画面所做的行动；第四步，每天复习一遍梦想清单上的内容，并按照行动清单上的计划开始行动。根据希望理论，通过重塑目标、激发动力、寻找多元路径、跨越障碍，提升对未来的"希望"水平。在本书后续的"希望"研究部分，会对此做更系统、深入的探讨。

其次，学会积极应对困难，保持乐观感。如何才能习得乐观呢？可以用"ABCDE 模式"来帮助个体改变那些面对不好事情时产生的消极的不合理想法，从而学习成为一名乐观者。这里的 A（adversity）代表不好的事情；B（belief）代表自己的想法；C（consequence）代表后果，也就是产生的感受或行为；D（disputation）代表反驳，如反驳消极的想法；E（energization）代表激发。例如，本节案例中，小昱之所以有情绪上的改善，原因之一就是他在教师的帮助下对自己的评价或看法更积极了。根据解释风格理论，可以帮助学生做如下的乐观的解释风格：失败时多做外在、暂时、特定的归因，成功时多做内在、稳定、普遍的归因，从而习得对未来的"乐观"。

此外，从减少不必要的消极情绪的角度来看，当前青少年中常见的两种消极情绪值得关注，即焦虑与抑郁。在青少年心理健康教育过程中，缓解焦虑通常有两种思路：一是问题应对，即当青少年有能力解决引发其焦虑的问题（如学习上受到挫折）时，可以通过问题解决的方式（如提升学习能力和成绩）来应对焦虑；二是情绪应对，即当青少年尚无能力解决问题或者焦虑情绪严重时，要优先疏导其情绪。在现实生活中，最不该倡导的是对青少年的学习期望（含家长对孩子的期待或者孩子的自我期待）大大超过了其能力，高期望、低能力是目前引发学习焦虑的重要原因之一。从缓解抑郁的角度来看，依据抑郁的素质-应激模型，有两种思路可以缓解抑郁：一是提升自身的心理素质（如不要对不开心的事情念念不忘，即减少反刍思维，改变完美主义信念，接受自身的不完美，提升认知灵活性等）；二是减少应激因素或事件，即少接触或避免环境中的负性刺激事件。

学校教育往往对认知能力比较强调，对情绪的价值认识不足。首先，积极情绪是重要的心理资源，是人类优势的重要来源。其次，积极情绪是重要的心理免疫因子，帮助我们应对挫折。心理神经免疫学的研究表明：压力和过度焦虑会"打击"我们的免疫系统，影响血液中白细胞和抗体的数量，以及免疫细胞的功能，使机体免疫力低下。相反，积极的情绪可以增强人的免疫力，降低机体炎症反应，增加机体对抗病毒感染的抵抗力。此外，缺乏积极情绪可能是精神病理问题的核心。最后，积极情绪与消极情绪的平衡是获取幸福体验的重要条件。积极情绪的培育需要多样化的真实生活体验、有心流与高峰体验。

总而言之，积极情绪是幸福的"种子"，是最优心理功能的本质要素。积极情绪的生物学属性包括白细胞基因表达谱、心脏迷走神经张力、催产素（Fredrickson, 2018）。培育积极情绪，就像锻炼肌肉一样，需要在日常生活中花时间去"训练"。积极情绪呈现出一些新的研究方向：积极生活方式的螺旋上升循环；将这种最主要的积极情绪作为微小积极时刻的累积与积极共振；智能时代，特别需要情绪、情感这些不可替代的力量。积极情绪在幸福体验中发挥着重要的启动作用。广大教师、家长如果能帮助青少年在与过去、现在、未来的有意义联结中培育适度的积极情绪，那么积极情绪就能给青少年成长带来更多的心理资源，助推青少年健康成长。

第二节 感恩：与过去的积极联结

过去之事不可追，但是对过去发生之事的情感是可以选择和加以引导的。怀着感恩之心，会对过去之事有更多的释怀和感激，给个体带来很多的身心健康益处。大量研究表明，感恩可通过相应的方法训练和培育。本节重在介绍感恩的理论分析、培育路径及提升感恩的实践案例。

一、感恩的理论分析

（一）感恩的内涵

感恩的研究先是出现在宗教、哲学中，感恩也常见于日常生活中。在心理学领域，感恩研究起步晚一些，21世纪初才进入心理学家的研究视野，代表学者是罗伯特·埃蒙斯。感恩是当施益者给予受益者某些东西或者做了一些善事时，受益者体验到的一种积极社会情绪、情感。感恩的必要条件包括施益者行为的意向性和受益者对该行为的感谢。这种情绪、情感来源于过去的经历，但会指向社会关系与资源，指向行为。感恩并不是一种简单的情绪，只有理解了感恩的复杂性，我们才能更好地享受感恩带来的力量和美好。在理解感恩概念时，要避免以下误区（Emmons, 2013）。

1. 误区一：感恩会导致自满

如果你心存感激，你就不会有动力去改变现状或改善你的生活？你只会自满、懒惰，或许被动地接受不公正或糟糕的情况？你会放弃尝试去改变一些事情？研究表明，事实恰恰相反：感恩不仅不会导致自满，还会激发一种使命感和做更多事情的愿望。

埃蒙斯等人的研究发现，当人们有意识地练习感恩时，他们实际上更能成功地实现目标。该研究让参与者确定未来10周他们想要实现的6项个人目标（这些目标可以是学术、精神、社会方面的，或与健康有关的目标，比如减肥）。其中，通过随机分配，让一组参与者写感恩日记（每周记录5件他们感激的事情，实验组），另一组参与者不写感恩日记（对照组）。结果表明，实验组参与者比对照组参与者更努力地实现这些目标，实验组比对照组在实现目标的过程中多取得了 20% 的进步。但实验组参与者并没有止步于此，他们报告说，他们仍在继续努力实现目标。实验组参与者并没有比对照组参与者更满意自己取得的进展，他们不会变得自满或满足到停止努力的地步。感恩会激发亲社会行为，如慷慨、同情和慈善捐赠，这些行为都不是被动或顺从的表现。感恩激励人们走出去为他人做一些事情，回馈他人善意。

2. 误区二：感恩只是一种朴素形式的积极思考

感恩是有一些美好的想法，期待美好的事情，而忽略生活中的消极、痛苦和苦难吗？其实，感恩远比这复杂。感恩要接受益处，并将这种益处归功于自己以外的其他人。事实上，感恩可能非常困难，它要求你认识到自己对他人的依赖，而这并不总是积极的。你必须让自己谦卑，从某种意义上说，你必须成为别人支持和慷慨的良好接受者。而大多数人都是更好的给予者，而不是接受者。

更重要的是，感恩的情绪有时会激起相关的负债感和义务感。如果 A 对 B 提供给 A 的东西心存感激，A 就必须爱护那些东西，A 甚至可能在未来的某个适当的时候回报 B。这种负债感或义务感可能被认为是非常消极的，它会给人们带来真正的不适。埃蒙斯的研究数据证实了这一点：当人们心存感恩时，他们不一定没有负面情绪，他们不一定会减少焦虑、紧张或不快乐。练习感恩会放大积极的感受，而不是减少消极的感受。所以，感恩不仅仅是一种美好、温暖、令人愉快的情绪，它伴随着责任，在某些情况下，会让人们感到困难或具有挑战性。

3. 误区三：感恩让我们过于谦逊

当我承认别人对我的帮助时，我可能会忽视自己的努力或天生的能力吗？研究表明，情况并非如此。实际上，感激之情与对成功的更强的个人控制感有关。感恩的人对一路上帮助过他们的人心存感激，也能认识到自己的功绩和能力。

4. 误区四：在逆境或痛苦中，感恩是不可能的，也是不合适的

有些人认为，当生活进展顺利、物质富足时，我们才会心存感激，在苦难中不可能心存感激。实际上，在苦难的情况下，感恩不仅是可能的，而且对帮助我们渡过难关至关重要。当面对逆境时，感恩能帮助我们看到大局，而不是被眼前的挫折压垮。埃蒙斯曾经要求患有严重神经肌肉疾病的人在两周内写感恩日记。考虑到他们的大部分生活都伴随着强烈疼痛的不适和去诊所的经历，研究者想知道他们是否能找到值得感恩的事情。研究发现，他们不仅找到了感恩的理由，而且比没有写感恩日记的同类群体体验到更多的积极情绪。感恩组对即将到来的一周也更乐观，感觉与他人的联系更紧密（尽管他们中的许多人独自生活），并且每晚睡眠时间更长（这是整体健康和幸福的重要指标）。在困难时期培养或保持一种感恩的态度，我们会因此变得更好。

5. 误区五：你必须虔诚地去感恩

关于感恩的科学研究已经清楚地表明，即使人们不信仰宗教，他们也有感恩的倾向，也能提高他们的感恩水平。

（二）感恩的作用

麦卡洛等人（2001）认为感恩有三种功能：道德晴雨表功能（它是一个人作为受益者对另一个人道德行为的反应）；道德动机功能（它激励感恩的人对施恩者和其他人表现出亲社会行为）；道德强化功能（当感恩被表达时，它鼓励施恩者在未来的道德行为）。感恩促进了人与人社会联结的加强，也能提升个体的价值感。埃蒙斯（2010）认为感恩有以下好处和作用，感恩是促进身心健康的重要因素。

1. 感恩让我们庆祝现在，它放大了积极的情绪

对情绪的研究表明，积极情绪会很快消失。我们的情绪系统喜欢新鲜感，喜欢新奇，喜欢改变。但感恩让我们欣赏事物的价值。当欣赏事物的价值时，我们会从中获得更多的好处，不太可能认为这是理所当然的。实际

上，感恩能让我们更多地参与生活，会更多地注意到积极的一面，从而放大从生活中获得的快乐。我们不是适应美好，而是赞美美好。

2. 感恩可以阻止有毒的负面情绪

感恩可以阻止嫉妒、怨恨、后悔等情绪，这些情绪会破坏我们的幸福。2008 年，心理学家亚历克斯·伍德在《人格研究杂志》上发表的一项研究表明，感恩可以减少抑郁症发作的频率和持续时间。你不能同时感到嫉妒和感激，它们是不相容的情绪，如果你心存感激，你就不会因为某人拥有你没有的东西而怨恨他。埃蒙斯等人的研究表明，感恩程度高的人，怨恨和嫉妒程度低。

3. 感恩的人更能抵抗压力

有许多研究表明，面对严重的创伤、逆境和痛苦，如果人们有感恩的倾向，他们会更快地恢复过来。感恩给了人们一个解读负面生活事件的视角，并帮助他们防范创伤后的压力和持续的焦虑。

4. 感恩的人有更高的自我价值感

当你心存感激时，你会感觉有人在照顾你，你在别人心目中是有价值的，有人给予了你幸福，或者你会注意到一个人际关系网络。一旦你开始认识到别人对你的生活所作出的贡献，一旦你意识到别人已经看到了你的价值，你就能改变你看待自己的方式。

二、感恩的培育路径

拉希德和塞利格曼依据积极心理学理论编写了《积极心理学治疗手册》，该手册专设感恩的章节，并论述了如何通过撰写感恩日志来培育感恩。大脑有天生的"负面偏见"，即容易关注负面事件和经历，而对积极事件和经历关注相对少。如果让这种偏向占主导，将有一个不良的影响：使得个体生活满意度降低，心理压力增大。欣赏积极的经历需要我们付出特别的努力，学会感恩不是那么容易，因为我们容易把好事的发生理解为理所当然。如何避免将好事的发生当作理所当然，从而让我们欣赏、感激积极的经历呢？这就需要我们建立感恩的习惯，而习惯的建立需要一个载体，写感恩日志就是有效的载体之一。

（一）感恩日志的写法

比如，每晚睡觉前，请写下今天发生的三件好事。在你列出的每一件好事的旁边，至少从以下角度写一句话：

为什么今天会发生这样的好事，这对你来说意味着什么？

你从花时间命名这件好事中学到了什么？

你或其他人在哪些方面对这件好事作出了什么贡献？

（二）感恩日志的反思

感恩日志的撰写需要坚持，也需要反思，从而提升感恩的积极作用。写了一段时间的感恩日志后，个体可以这样来反思：

你很难回忆起具体的好事吗？如果是，请说明。

你注意到你的好事有什么规律吗？是关乎家庭、朋友、学习还是自然的？

你的生活中有哪些方面没有在好事中得到明确体现，如学习或朋友？

在好事的发生中，你是否扮演了积极的角色？还是它们大多只是碰巧发生在你身上？

这次练习之后，你是否发现自己对好事反思得更多了？

你觉得这是一种看待事物和人的新方法吗？

你是否与他人分享过这些好事或幸事？

你觉得把它们写下来很难吗？如果是，为什么？

（三）感恩日志的调整策略

如果要保持感恩日记撰写的新鲜感或者避免过度使用，可以采取以下策略调整感恩表达：

交替练习，一周写日志，下周做口头练习，如和所爱的人交谈。

通过艺术表达感激之情，如用摄影或绘画替代写作。

与他人进行互动练习，如与家人在晚餐前后分享积极的事件，在学习结束时通过合适的方式（如电子邮件、微信、电话等）分享积极的事件。

每周或每两周有意识地改变感恩的领域，关注家庭、学习、休闲、自然或媒体中的积极事件。

如果一下子很难想出可以写的积极事件，可以进行自我提示：

今天我注意到了一些美丽的东西，那是_____。

今天我做了一些很好的事情，那是_____。

今天我对别人很好，或者别人对我很好，那是_____。

今天我听到了好消息，那是_____。

今天我看到了一些鼓舞人心的事情，那是_____。

在撰写感恩日志的过程中，个体可能会忘记这项任务，为了使得这项任务常规化，可以使用以下策略：

为练习准备一个新的笔记本或日志本，这样个体更有可能注意到它，或者觉得它很特别。

每天晚上在同一时间完成练习，把感恩日志本放在同一个地方。

用智能手机的闹钟设置每日写感恩日志的提醒。

三、提升感恩水平的实践案例

以感恩干预的方案为例，可以采取如下的思路和策略对学生感恩水平进行干预。

（一）问题情境

小芸（化名），高一女生，父母对小芸的照顾无微不至，认为当下的任务就是学习，其他的事情都不重要。在这种观念的影响下，小芸比较以自我为中心，除了学习，其他的事情都不关心，对他人的付出也视而不见，认为理所当然，不懂得感恩别人对自己的好意。

小芸的父母过度关注小芸的学习，忽视小芸其他方面的发展，导致小芸以自我为中心，青春期自我意识的增强也加剧了小芸的自我中心化。同时，小芸对他人的付出也缺乏感恩的意识，其认知结构中缺乏换位思考，导致对他人情感需求的社会性理解停留在比较浅层的"自我参照"模式。

（二）解疑释惑

从上述的问题情境和分析中，可以明显看出小芸缺乏感恩教育，需要家长有意识地培养孩子照顾他人感受、感激他人付出，学习对施益者表达感谢之情，付出关怀之行。

问：那么，到底什么是感恩教育呢？感恩包含哪些组成要素呢？

答：感恩的组成要素包含：

认知因素：能在认知上，认为对方帮助了自己，且这种帮助是出于利他性的目的。

情感因素：感恩同时也包含了一种对于施益者的情感因素，感激、信任甚至是爱。感恩者能感受到情感的存在。

沟通因素：感恩中，应当包含一种"想要向施益者表达"的感谢信息，可能是语言，可能是文字。

行为倾向因素：感恩还是一种动机，它包含一种行为倾向，即在未来有机会时，提供给施益者他们需要的帮助，或克制可能会伤害施益者的行为。

问：对于案例中的小芸，有哪些建议可以帮助她提升感恩水平？

答：根据感恩的组成要素，对于小芸的情况，可以从以下四个方面给她提出建议，培养她的感恩之心：

一是认知提升，帮助小芸意识到他人付出的价值：小芸需要认识到，生活中每个人的付出都有其价值和意义。父母的照顾不仅是为了让她专心学习，更是出于对她深深的爱；同学的帮助也是出于友善和关心，这些都不是理所当然的。可以引导她思考，如果没有父母的照顾和同学的帮助，自己的生活会变成什么样，从而体会到他人付出的重要性。

二是情感培养，培养同理心：学会换位思考是培养感恩之心的重要一步。小芸可以尝试站在父母和同学的角度去思考问题，想象自己处在他们的位置上会有怎样的感受和想法。比如，想想父母每天工作后还要照顾家庭、关心小芸的学习，是多么辛苦；同学在小芸学习上遇到困难时，放下自己的事情来帮助小芸，需要付出多少时间和精力。通过同理心，更好地理解他人，从而激发内心的感恩之情。

三是行为实践，及时表达感谢：养成对他人的帮助和付出及时表达感谢的习惯。小芸可以根据实际情况，为父母和同学做一些力所能及的事情。比如，在父母忙碌的时候，帮忙做一些家务；在同学需要帮助的时候，主动伸出援手。通过这些实际行动，既能让他人感受到自己的感恩之心，也能让自己更加深刻地体会到感恩的意义。小芸还可以准备一本感恩日记本，每天记录下让自己感恩的事和人。可以是很小的事，如同学的一个微笑、老师的一句鼓励等。通过记录，不仅可以帮助自己更好地回忆和感受这些美好的瞬间，还能让自己更加关注生活中的美好和他人的善意，从而培养更加积极的心态和感恩的习惯。

四是价值观的重塑：小芸要明白，学习虽然重要，但并不是生活的全部，人与人之间的情感交流和相互关心同样重要。一个懂得感恩、有良好人际关系的人，往往比只专注于学习的人更能获得幸福和成功。要将感恩等道德品质和价值观纳入自己的人生追求，努力成为一个全面发展、有爱心和责任感的人。

（三）实践探索

根据感恩的理论，以下活动供家庭教育和学校教育参考和开展：

1. 感恩故事分享会

具体做法：每个人分享一个关于感恩的故事。可以是自己亲身经历的，也可以是从书籍、电影中看到的。分享结束后，大家一起讨论故事中感恩的意义以及对自己的启发。

2. 感恩信件撰写

具体做法：找出曾经照顾和帮助过自己而自己却没有当面向其表达谢意的人，向那些人写出表达自己谢意的书信，回忆那些人给自己带来了怎样的温暖和善意，说出那些温暖和善意给自己的人生带来了怎样的影响，也请思考如果没有那些人的话，自己现在会是怎样的处境和感受。

3. 感恩清单记录

具体做法：准备一本笔记本，每天晚上花 10—15 分钟时间，回顾当天发生的事情，然后在笔记本上列出三件让自己感恩的事情或三个人。这些事情可以很微小，如吃到了美味的食物、收到了同学的一个微笑等。每周或每月对记录的内容进行一次回顾和总结。

4. 感恩主题电影或书籍赏析

具体做法：观看一些以感恩为主题的电影，如《忠犬八公的故事》《当幸福来敲门》；读一些书籍，如《假如给我三天光明》等。看完或读完后，分享自己对感恩的新认识和新理解，也可以和家人、同学一起讨论。

（四）体悟和建议

1. 学生的体悟

小芸的体悟：过去我确实只关注自己的学业，对父母的付出和同学的关心常常忽略或者感受不到，可能跟我深层次的价值观有关，现在的我认识到人生的幸福和意义主要不是由学习决定的，而是取决于我为别人创造了多少温暖和价值，对于别人对我的付出，我要多些感知，也要回馈别人给予的善意和帮助。我准备拿出一个笔记本每天记录让我感恩的三件事情或三个人。需要的时候，我会通过语言或者行动让他们知道。

2. 给家长的建议

培养孩子全面发展的价值观，家长要认识到孩子的成长是多维度的，不能只关注孩子的学习成绩，要将孩子培养成为有爱心、懂感恩、有社会责任感的人，让孩子在德智体美劳等方面全面发展。

（1）营造家庭氛围，开展家庭感恩活动：家长可以定期组织一些家庭感恩活动，如家庭感恩晚餐、感恩分享会等。在这些活动中，每个人都要分享让自己感恩的事或人。通过这种方式，让感恩成为家庭文化的一部分，让孩子在潜移默化中受到影响。

（2）培养孩子的情感认知能力：家长可以引导孩子关注他人的情感，通过观察他人的表情、语言和行为，理解他人的情绪和需求。例如，在看电影或读书时，和孩子一起讨论角色的情感变化，让孩子学会从不同角度理解他人的感受，提高孩子的情感认知能力，为感恩之心的培养奠定基础。

（3）引导社会实践，鼓励参与公益活动：家长可以带孩子参加一些公益活动，如志愿者服务、社区关爱活动等，让孩子在帮助他人的过程中，看到社会上不同人的生活状况，体会到自己的幸福生活来之不易，从而培养孩子的感恩之心和社会责任感。

3. 给教师的建议

（1）在课堂教学中，教师可以结合教材内容，适时引入感恩教育。例如，在语文课堂上分析感恩主题的课文时，引导学生深入探讨感恩的内涵和意义；在历史课上，讲述一些历史人物因感恩而成就事业或作出贡献的故事，让学生明白感恩在人生中的重要性，激发感恩意识。

（2）组织感恩主题班会：举办一场以感恩为主题的班会，设计一些有趣的互动环节，如感恩卡片制作、感恩话语分享等，让学生将自己想要感恩的人或事写在卡片上，然后进行分享。在这个过程中，引导学生关注他人对自己的帮助和付出，鼓励学生勇敢地表达自己的感恩之情，增强同伴之间的情感交流。

（3）在日常学习和生活中，教师要密切关注学生的点滴进步。当学生表现出对他人的帮助表示感谢等感恩行为时，要及时给予表扬和鼓励，强化学生的积极行为。

（4）在家校合作方面，保持与学生家长的沟通交流，在交流学生学业情况时，也反馈学生在感恩教育方面的参与度。引导家长在教育孩子时重视孩子的感恩教育，与家长共同探讨如何更好地引导学生学会感恩，形成家校教育合力。

（五）拓展思考

你在生活、学习、工作中怎么表达你的感谢？

在教育孩子／学生感恩方面，你有哪些心得和体会？

总之，本节内容围绕感恩的理论基础、培育路径和具体案例展开，强调感恩是一种复杂的情感，具有重要的心理功能和社会功能。通过感恩日志、感恩活动等方法，可以有效提升感恩水平，培养积极的生活态度。家庭和学校在感恩教育中都扮演着重要角色，需要共同努力，帮助学生在认知、情感和行为上实现感恩的内化于心、外化于行。

第三节　心流：与现在的积极联结

随着数字化社会的到来，当前儿童青少年会被外在的各种信息所吸引。如何静下心来、专注当下并不是一件很容易的事情。如何在具有非常繁杂刺激的环境下从事眼前最重要的事情，不被无关的刺激夺走注意力，让我们建立与当下的积极联结，这就需要我们了解心流的常识及其培育之道。

一、心流的理论分析

（一）心流的内涵

对"如何获得幸福的状态"这个问题，两千多年前的亚里士多德进行了探索。然而，长期以来，许多人倾向于向外求幸福，当我们刻意从外在的目标中追求幸福的时候，往往难以获得幸福的体验。因此，不少人觉得自己的生命被浪费了，没有感受到生命中充满幸福的状态，而是在焦虑和无聊中度过。能控制内心体验的人，才能决定自己的生活质量与幸福。在什么状态下，个体能整理进入自己意识的信息，从而控制自己的内心体验？这种状态，心理学家称为心流。

心流的研究起源于 1975 年左右，该研究领域最有代表性的学者是米哈里·契克森米哈赖。心流是一种当下的积极体验，是一种"着迷、全神贯注、享受"同时发生的心理状态。在这种状态下，个体获得最优体验，通常会体验到深刻的享受、创造力、对活动的全面投入、完全沉浸在活动中。心流状态有六大主要特征：行动和意识的融合，完全集中注意力，强烈的控制感，自我意识的丧失，时间感知的扭曲（如忘记了时间，或通常认为时间比平时过得快或慢），以及自成目的体验（这种体验是活动或事情本身带来的内在动机与奖励）（Csikszentmihalyi, 1975）。这种状态不完全等于积极的情绪，积极的情绪更多的是对这类活动或事件的回忆时产生的。引发心流的三大主要条件：感知到挑战和技能之间的平衡、清晰和接近的目标、即时和明确的反馈（Csikszentmihalyi, 1990）。

（二）心流与精神熵

"精神熵"是契克森米哈赖用来解释心流理论的一个重要概念。"熵"的概念来自热力学，是指一个系统无序的量度。系统越混乱，熵值越高；反之则越低。当人的精神熵值高的时候，大脑里的念头呈现时刻万马奔腾的状态，人的内心处于失序状态。契克森米哈赖认为"精神熵是常态"。人进入心流状态时是一个"负熵"过程：人所有的注意力都集中在当前的任务上，人所有的心理能量都在往同一个地方使，那些跟任务无关的念头都被完全屏蔽，包括对世界的意识、对自我的感知、对别人评价的患得患失、对物质的得失等，都消失得无影无踪，但是人并不是只有一个念头，人的大脑仍然在高速运转，只是所有这些念头都是非常有规律、有秩序的。这时，人的精神熵非常低，结构井然，又充满能量。显然，如果个体经常经历心流，其心理就会被训练得越来越有秩序，以后进入心流状态就越来越容易，即使平时不在心流状态下，也不像精神熵值高的人那样心猿意马（王哲、刘雨寒，2020）。

（三）心流的通道分割模型

任俊等（2009）对心流研究进行了概述。研究表明，契克森米哈赖团队对心流的形成"通道"做了深入研究，先后提出三通道（含焦虑、心流、厌倦三种状态）、四通道（含焦虑、心流、冷漠、厌倦四种状态）和八通道模型。

在此，主要介绍八通道模型。为了进一步增加理论的科学性，契克森米哈赖研究团队进一步把四通道模型中的四种心理状态细分为八种不同的心理状态（见图3-4），并用同心圆对它们各自的程度进行了区分。这一模型在保留了技能水平和挑战水平相适配这一中心观点之外，又确定了四个额外通道：觉醒、控制、放松、担忧。按照契克森米哈赖研究团队的最新观点，当外在挑战过高时，它有可能不会对个体造成焦虑，个体反而会出现一种无所谓的觉醒状态；同样，当外在挑战只是稍大于个体的能力时，个体也可能不会产生焦虑体验，只是出现担忧等心理体验；当个体的能力远远高于他所面临的挑战时，个体能毫不费力地应对挑战，就可能不会产生厌倦，而是产生放松感和控制感等心理体验。因此，八通道模型在某种程度上比前面的两种模型更科学，也更符合人的实际状况。

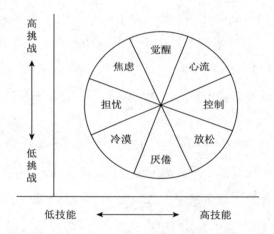

图 3-4　心流八通道模型（Csikszentmihalyi, Abuhamdeh, & Jeanne, 2005）

（四）心流与中国传统文化中的庖丁解牛状态

庄子《庖丁解牛》一文呈现了庖丁在解牛的过程中物我两忘、酣畅淋漓、游刃有余的状态。宁宁（2024）通过梳理心流体验与庖丁境界在动机、技艺、意识与反馈等层面类似的生成结构（见表3-1）以及交融方式、终极追求的差异（庖丁解牛更加注重在身心交感基础上以"神"统行，更加追求从形而下的"技"上升到超然于物外的一种精神追求——"道"），为积极心理学与中华优秀传统文化的链接提供了新视角。

表 3-1 心流与庖丁解牛对照表

心流结构	挑战与技能相平衡	目标明确	即时反馈	注意力集中	行动与意识相融合	掌控自如
庖丁解牛的状态	以无厚入有间，恢恢乎其于游刃必有余地矣	解牛	謋然已解	怵然为戒，视为止，行为迟	官知止而神欲行	动刀甚微；如土委地

（五）教育领域的心流：学习心流

心流理论应用于很多领域，包括教育、游戏产品设计、用户体验、管理、体育训练与比赛等。很多著名人士都反映从心流体验中受益，如英国前首相布莱尔、美国前总统克林顿以及 NBA 教练约翰逊。厄特等学者专门探讨了教育情境中的心流。教育或学习心流是在学习过程中产生的，包括四个要素：认知控制、沉浸和时间转换、自我意识丧失、自成目的的体验（或自带目的性体验，即把学习活动本身当成目的，活动本身能带来幸福感）。

其中，付出认知努力地投入进而做到认知控制是进入学习心流的主要条件。认知控制是学习心流的认知维度，指个体在学习时投入全部的资源理解材料而注意力高度集中的情况。时间转换指对时间感知的变形，具体表现为个体感觉时间过得比平时快或慢。自我意识丧失是学习心流的社会维度，指个体不关心外界对自己的看法，全身心地投入当前学习任务的情况。在此情况下，个体自我边界模糊，有更高的归属感，更多地与他人合作。自成目的的体验是指在学习活动中的幸福感。这种幸福感来源于个体对活动本身的兴趣，这种兴趣能够持久地推动个体再次投入学习活动中，即对学习活动产生内部动机（王舒、殷悦、王婷、罗俊龙，2021）。

二、在学校情境下培育青少年学习心流的路径

施密特等人（2007）研究了与青少年心流体验相关的个体与情境因素。结果表明：女生比男生体验到更多的心流；青少年参加主动休闲活动时（从事与自己爱好相关的活动，如锻炼等）比被动休闲活动时（如看电视）体

验到更多的心流；青少年与同伴在一起时比与成人在一起时体验到更多的心流；青少年在他人在场时比独自一人时表现出更强的心流；青少年在学校比在校外体验到更少的心流；青少年在学校的非学术课程中（如艺术、职业教育活动等）比学术课程中（如数学等）体验到更多的心流。

从上面的研究结论来看，青少年的学习心流在学校（特别是在学术课程中）还是相对缺乏的。因此，如何在一般的学校课堂教学中培养学生的学习心流具有很强的现实意义。下面基于学习心流理论来论述在学校情境下青少年学习心流培育的策略。

（一）在学校层面，优化学校课程与活动的设置

学校依据"五育并举"的教育方针，结合学校实际优化学校课程与活动的设置。一方面，发挥非学术课程对学生心流培养的作用，开齐开足体育、艺术、劳动等领域的课程；另一方面，以学生的需求与兴趣为导向，组织开展校园文体活动、学生社团活动、社会实践活动等，让学生在活动中通过积极的自主体验、人际互动等获得心流。此外，还可以通过家庭教育指导，引导家长科学安排家庭休闲活动，做到学习与休闲的平衡，让学生在主动休闲活动中获得积极体验。

（二）在教师层面，提升课堂教学对学生的吸引力

集中注意力或全神贯注是心流的核心特征之一。如何让学生在课堂学习中做到认知投入、自我控制？教师的作用非常重要。首先，教师要优化教学设计。比如，可以在导入环节呈现一些学生感兴趣的案例、故事或者设计一些有趣的游戏，充分吸引学生的注意力，让教学内容与学生的生活经验、知识基础建立内在的关联。其次，教师要优化教学实施。比如，提问要针对学生的能力水平；设置的学习任务既对学生构成一定的挑战，又是学生通过努力可以完成的；对不同发展水平的学生提出不同的学习要求。最后，教师要优化学业评价。比如，淡化社会比较，鼓励学生自我比较，看到自己的进步；对学生多进行积极反馈，提出明确具体的改进意见。

（三）在学生层面，探索与培养自己的优势与特长

每个学生都有不同的优势与特长，对自己真正感兴趣的优势与特长的探索与培养可以从小抓起。引导学生不总是受外在目标的驱动才开始行动，要找到能激活自身内在动机、带来幸福感的活动、事项，从而引发自己投入的状态，不断积累，形成优势与特长。遵循"兴于诗、立于礼、成于乐"的个体成人序列，把握激发情感、规范行为、陶冶性情等关键环节，促进个体与自我、个体与环境的和谐发展。

三、心流培育的实践案例

以心流干预的方案为例，可以采取如下思路对学生的心流体验进行干预。

（一）问题情境

初三的小军寒假在家，天天睡到中午，父母催促多次才起床。眼看再过几个月就要中考了，妈妈比小军还要焦虑，一边念叨小军要好好复习，争取考个好高中，一边逼着他喝各种强身健体的保健品。小军和妈妈争论，妈妈说他不知好歹，这么做都是为了他好。

小军现在天天闷在家里烦死了，一点学习的心思都没有，有时候看着书，脑子却想别的事情了，就想着快点开学，逃离和妈妈每天 24 小时的相处。

寒假期间，青少年的学业压力相对减弱，空闲时间增多，作息不规律，容易滋生惰性，养成懒散状态，明知有学习任务，可就是不想做、不愿做、提不起精神。再加上有的孩子喜欢宅在家里，一直闭门不出，一家人聚集在一个屋檐下，家庭矛盾加剧、亲子冲突频发也是影响青少年心理状态、导致做事无法专注的重要因素。面对这样的情况，家长很担心，孩子很焦虑，该怎么办呢?

（二）解疑释惑

米哈里·契克森米哈赖提出的心流理论能帮我们解决这个问题。我们就用这位积极心理学家的理论，对相关问题作一些探讨。

问：很多人没有听说过心流理论，它到底是怎么回事？

答：心流是指人们将注意力完全投注在某活动时的感觉，心流产生的同时，会有高度的兴奋及充实感，如艺术家在创作时所表现的心理状态。心流体验不仅能让人摆脱无聊，还能让人从焦虑不安中解脱出来，把精力重新投入到感到幸福的事情上，是人获得幸福的一种可能途径。

问：在心流状态下，人会有什么感觉？

答：首先，人会感觉到自己全神贯注地沉浸于手头的工作中，其次是自信满满，相信凭借自己的能力可以成功，以及目标清晰、感受不到时光飞逝、内在动力强等。那种狂喜的感觉，日常生活中很难体会到，类似于攀上高峰时的体验。例如，学霸连续好几个小时刷题也不觉得累。别人以为他们是花费巨大毅力才坚持下来，其实他们只是进入了心流状态，不仅不觉得苦，反而很享受，并形成正向循环，表现得比别人越好越有动力，不断精进。

问：听起来这种心流的感觉太棒了，那如何才能进入心流的状态呢？

答：心流是一种在目标驱动下的投入与付出，具有一定的挑战性，给人带来短暂快乐的同时，还能获得一种额外的、积极的幸福体验。想要进入心流状态，首先，要设定明确具体的可操作性目标，并主动寻求反馈；其次，尝试做一些有挑战性，但又可实现的事情（见图 3-5）；最后，尽可能减少外界的干扰。

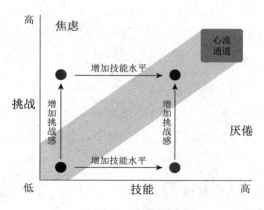

图 3-5　心流示意图

（三）实践探索

结合米哈里·契克森米哈赖提出的心流理论，小军要想改变难以专注的状态，就要明确自己的学习目标，排除父母唠叨、电子产品等外界干扰；调整作息，制订有挑战性又可实现的行动计划；从实践反馈中感受轻松愉悦的学习状态，获得心流体验。

这种体验会让小军沉浸在学习之中，更加专注，效率更高，收获也更大。而这种成就感又会助长他的愉悦情绪，让他愿意继续学习，形成积极正向的学习状态循环。

具体怎样做才能达到这种心流状态呢？下面给大家分享五个小锦囊。

1. 调整作息时间，从早起开始

放假在家，大家的生物钟全都打乱了。一直说早睡早起，但是实践证明早起比早睡更重要！ 10 点上床翻来覆去 2 个小时还是睡不着，这样的体验大家可能都经历过。但是早起就不一样了，早上 8 点咬牙坚持从床上爬起来，到了晚上就会又累又困，躺下就能快速入眠。这有利于大家养成良好的作息习惯，保证精神抖擞地投入学习中。

2. 明确学习目标，每天及时反馈

大家可以根据自己平时积累的错题集或者考试卷，分析知识漏洞。试着找一个自己感兴趣，或最需要补习的专题，根据自己的知识掌握情况，确定一个通过努力能够达到的目标。根据目标，列出每天的学习计划表，或者是学习任务清单。自己或家长在每天固定的时间检查完成情况，并根据完成情况及时调整。也许这个专题的进步能让小军收获学习的成就感，并获得心流体验，看到自己的能量。

3. 整理学习环境，减少外界干扰

假期在家学习，很容易受到各种因素的影响，学习地点应选择在安静的书房或卧室，必要时可以关上门。例如，在卧室时，请不要轻易坐到床上去；把书桌上或周围与学习无关的用品清理掉，或移到视线之外，尤其不要把手机等电子产品摆在眼前，避免分神；学习用品要充分准备，并分类摆放整齐。

4. 精心设计仪式，加强自我暗示

仪式就是刻意设计一些特别的举动或程序，给人一种庄严感，暗示着良好的开端，代表着期盼和重视。你可以给自己设计一个独特的启动学习程序，更好地调整状态。例如，有的学生每天8点半的闹钟音乐一响，就坐在书桌前开始学习；有的会在学习前先伸展一下身体，做个特别姿势，提示自己"学习，从现在开始"。

5. 积极自我探索，总结成功经验

有的学生可能会觉得专注学习很难做到，实际上每个人都会有专注的时候。你可以回忆自己在什么时候、哪门学科、什么情况下，学习状态比较好。想想那个时候，自己是怎么做到的，现在可以做些什么来试一试。你也可以根据自己的兴趣特长，尝试不同的方式让自己更专注。相信那时的你，一定会因自己的改变而欣喜，获得学习的心流体验。

（四）体悟与建议

1. 学生体悟

小军：放假在家，我确实对自己的学业放松了要求。再加上不喜欢出门，天天闷在家里吃了睡、睡了吃，心情很烦躁，对学习就更提不起精神了。现在马上又面临中考，妈妈的担心和焦虑我可以理解，但是她每天这么唠叨实在让我受不了，忍不住就跟她吵起来了。

学习了心流理论，我才明白心流是一种在目标驱动下的投入与付出，具有一定的挑战性，在带来短暂快乐的同时，还能获得一种额外的、积极的幸福体验。我现在学习难以专注，就是因为缺乏目标。虽然马上要中考了，可我从来没想过要考什么样的高中，更没有想过将来要上什么大学，学什么专业，毕业以后做什么工作，总觉得这些事情离我很遥远。所以，学习上一直都是靠父母和老师催促，能懒则懒，总觉得学习是负担，很少有那种积极幸福的心流体验。不过，我喜欢挑战，平时在做数学试卷最后一道大题的时候，我总是想尽各种办法把它做出来。每次攻克难题时，我都会激动地跳起

来，我想这大概就是心流体验吧。

我现在应该根据目前的状况，先好好想一想自己有希望考上哪个高中，定个目标；再分析一下，哪些科目还有提升的空间，给自己列一个学习计划；尽量减少手机、父母唠叨对我的影响。从现在开始，我寒假里每天早上8点起床开始学习，相信4个月后肯定可以收到我心仪的高中的录取通知书。

2. 给家长的建议

（1）有条件的家长可以专门为孩子准备一个学习的房间，桌椅的高矮适合孩子的身高和年龄。平时购买的学习用品以简单、实用为主，不买玩具类或功能过多的学习用品，避免孩子分心。

（2）在孩子学习的时候，家长不看电视、不玩手机，尽量不在室内走动，以免发出噪声引起孩子分心；也不要因端茶送水、叮嘱唠叨等行为，打扰孩子的学习，应尽量减少外界环境对孩子的干扰；家长要学会控制情绪，尽量让孩子自己安排学习任务，培养孩子的自我管理能力和学习自主性，增加孩子对生活的掌控感与满足感。

（3）家长可以跟孩子一起做一些室内外运动。有研究显示，每天一定程度的运动训练，可以提高孩子的专注力，改善执行功能。如果家里没有运动器材，可以跳绳或做广播体操，活动后出身汗，既可以舒缓宅家太久的烦躁情绪，又可以增强体质，提高身体抵抗力。

（4）还可以玩一些简单有趣的小游戏，既寓教于乐又能训练专注力。如用舒尔特方格训练孩子的视觉广度，提高视觉注意力和记忆力；用划消数字训练孩子的选择性注意力，帮助孩子排除其他干扰项，有意选择需要注意的目标等。

3. 给教师的建议

（1）教师给学生设计的学习任务，既能给学生带来一定的挑战，也是学生在其能力范围内可以完成的。

（2）教学目标要清晰、具体，让学生明确课堂的任务。

（3）多给学生即时、正向的反馈，增强学生的积极体验。

（4）为吸引学生的注意力，如果条件允许，讲授过程中穿插视频、绘本、故事等引发学生兴趣的教学内容，这样有助于学生上课更专心。

（五）拓展思考

1. 心流体验的感觉很奇妙，怎样才能获得心流体验呢？你可以从自己的日常生活中找到它的踪迹吗？

2. 经常听学生说，自己想专心学习，可总是学不进去，看完了本书关于心流的介绍，你有什么好的建议吗？

（案例来源：朱仲敏.积极心理学视角下中小学生心理免疫力提升指南[M].上海：上海教育出版社，2020.此案例由张琪娜老师提供，选入时案例略有改动）

本节内容围绕心流的理论基础、培育路径和实践案例展开。心流是一种高度投入、享受当下的心理状态，具有明确的特征和产生条件。通过调整作息、明确目标、减少干扰等方法，可以帮助学生进入心流状态，提升学习专注力和效率。在学校情境下，学校、教师和学生可以从课程设置、教学设计、自我探索等方面入手，共同促进学习心流的形成。

第四节　希望：与未来的积极联结之一

希望、乐观都包含对未来的积极情绪，都有利于个体在逆境中的积极心理建设。乐观指向的未来区间更长。我们先来探索希望的培育。在乌卡时代，个体对未来的希望感是一种非常重要的、适应社会的心理资源。

一、理论分析

（一）希望理论

希望曾经是哲学家思考的概念，也是日常生活中经常被使用的概念。20

世纪 90 年代以来，伴随着研究普通人积极品质和潜能的积极心理学研究思潮的兴起，希望开始进入科学心理学的研究视野。在前人研究的基础上，斯奈德等人（1991）从认知和动机的角度，提出了希望理论（Hope Theory），以斯奈德等人为首的希望研究取得了丰硕成果，对教育、医学，尤其是对心理健康教育和心理咨询领域产生了重要影响，在强调预期的同时，更提出了达成目标所必需的路径和动力，希望越来越受到人们的重视。

斯奈德等人（1991）把希望定义为，希望是"一种基于内在的成功感的积极的动机状态，一种目标性指向的能量和路径，即用来达到目标的动力和路径"。希望是经由后天学习而成的一种关于目标的个人思维和行为倾向，它能维持个体在解决问题中的信心，即使是在他人已经气馁或放弃的情况下。"我会找到一个方法来完成这件事""我能做到这一点"和"我不打算停止"是表达希望的例子。另外，当目标是重要的或是面临挑战或障碍时，路径思维和动力思维在高希望水平个体中更强（相比于低希望水平的人们），这是特别明显的。斯奈德（1995）认为希望由两部分组成，即以目标为导向的动力思维和实现目标预定路径的路径思维，动力思维和路径思维在孕育希望时会同时出现，两种成分是叠加的，它们之间会产生涟漪效应。

斯奈德的希望理论模型扩展了传统上关于希望研究的单维模型，并且第一次开启了有效准确评估个体希望水平的大门，他的理论是建构在以下三个要素基础之上的。

1. 目标

目标是希望理论的核心概念，它可以是任何想要体验、创造和得到的东西。斯奈德（2002）假设，人类的行为，包括日常生活中的普通活动，都是有一定目标的。这是人们精神活动的支点（张青方、郑日昌，2002）。目标可以是重大的和长期的，也可以是简单和当下的。目标也可以按个人所感知到目标达成的高低可能性来分类。所谓的目标可以是一个比较抽象或是模糊的概念，如"我要认真学习""我要和同学好好相处"等这类描述或定义不清楚、笼统且模糊的目标。目标也可以是一个非常具体的事情，如"我要在这次考试中使每门课都达到 80 分""我要在开学的一周内和班里的五位同学成为好朋友"等，就是比较清晰和具体的目标。

一般而言，如果目标比较具体、明确，我们就较容易针对目标制订各种方法与策略来达成。因此，想要达成这样的目标相对比较容易。反之，想要达成的目标模糊不清，那么在追求目标的过程中就容易产生迷茫，进而无法提供有效的方法与策略，致使停滞不前或放弃该目标。

对于目标，研究人员认为它们是可以进行分割的（Snyder, 1994），一个目标可以分成许多次要的目标，也就是将一个较大的目标切分成为许多较小的次要目标，这样就有利于帮助提升个体对达成该目标的动机，而当个体对较小的次要目标产生较为可行的认知后，对于该次要目标的动力思维和路径思维就会因此而产生。"目标延伸"指高希望水平的人往往会设置一个比先前已达成目标难度更高一些的新目标。

希望的目标可以分成四大类：（1）接近的目标，即朝渴望的结果行动；（2）防止负面结果的目标，即阻止或延缓非意愿的情况；（3）保持的目标，即维持现状；（4）加强的目标，即增强已有的积极结果（Snyder et al., 2000）。对于能达成目标适度的确认感，能提高动机水平，从而增强希望。当设立的目标过难或过于简单，人们都不太愿意努力去达成它们。正确树立目标和达成目标，对于人的一生而言，都是有帮助的。当我们在设定目标时做到具体性、可达到性、可测量和意义性这四点，我们才能有效地去达成。具体性能使人的行动聚焦于目标达成；可达到性，即目标是现实可行的，能让人在目标达成过程中有控制感和条理性；可测量能使人追踪过程，对失败做出及时的策略调整；在意义性方面，研究者提出，当目标由他人制订，当事人会表现出较少的积极性，如果目标制订受到外界力量的干预，达成之后的满足感也是转瞬即逝（Snyder et al., 2002）。

2. 路径思维

路径思维是指人们对实现目标所发展出来的方法、策略和路线的认知能力（Snyder, 1994）。路径思维是一组有关个人在心理层面做规划或对自己有能力找到有效的路径来达到期望的目标的信念和认知（Snyder, 1995），可以帮助我们找到一个或是更多的有效方法去实现目标。

　　路径思维的关键之处就在于个体能设定路径以实现目标。可能每个目标都有几个可行的路径，但个体都有达到自己目标的一条主要路径，即这条路径是最先选择的。如果在实现目标的过程中，个体感知到这条路径是无效的，那么他就会尝试另外一条路径。高路径思维水平的个体感知自己在产生实现目标的主要路径时会比低路径思维水平的人做得好，他们相信自己能为目标找到多种达成路径。同样，当主要路径受阻时，他们变换路径的能力也较强，能灵活应变，而低路径思维水平的人在目标追寻过程中若遇到阻碍便会痛苦地陷入泥沼，无法动弹（Snyder, 2001; Snyder, 2002; Snyder, Shorey, and Rand, 2006）。高希望水平者更多地使用多样的策略，考虑可能遇到的阻力，形成解决方法以确保目标的达成。

　　人们要对现在的情况作出解读，对未来想要达成的目标有蓝图，路径思维使当下与未来产生有效连接。路径思维的形成是基于先前找到达成目标方法的成功经验之上的。人们头脑中根据目标和与之相关联的路径来对信息分类，当我们为目标设计的最初路径受阻时，过往的成功经验会增强我们设想新路径的信心。

　　3. 动力思维

　　动力思维是希望理论模型中的动机成分，它是一种类似心理能量的内在驱力，能启动个体行动，并推动个体朝着他们的目标、沿着他们所设想的路径持续前进的自我信念系统（Snyder, 1994）。动力思维能推动路径的执行。动力思维是一种信念或者自我对话，推动个体开始并沿着所指定路径去实现目标的过程（Curran and Reivich, 2011）。动力思维提供给个体达到目标所必需的动机。动力思维直接反映了个体关于他或她有能力启动，并且维持目标导向行为的认知。

　　动力思维对于希望过程来说非常关键，不管个体所设定达成目标的路径是多么的美好，如果没有动力思维来启动和维持达到目的的必要努力，任何目标都是不可能实现的。动力思维会影响个体的知觉，会让个体为了自己所渴望达成的目标，开始进行与维持他们的行动。当个体觉得目标越重要时，即认为目标对自身具有较大的价值，个体的动力就会相对较高。

然而，个体的动力并不是随时随地都能保持在相同的状态，它会根据个体先前所具备的知识与经验而产生高低不同程度的变化，当我们在追求目标的过程中遭遇困难或阻碍时，个体会衡量并经由它使我们内心产生一股力量去克服障碍，大多数能面对并且克服困难的人都是意志力较为坚强的人。

高动力思维水平的人通常的想法是："我能做好""我真的很想达到目标，没有什么困难能阻挡我"。而低动力思维水平的人通常会有如下的"自我对话"："我没有办法做到""我不符合达标的要求"。当最初的路径受阻，动力思维会参与推动个体寻找合适的替代路径的过程。

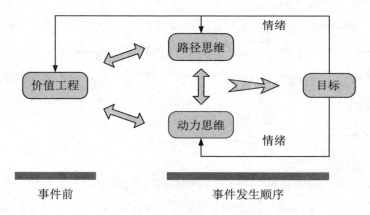

图 3-6 希望的过程

综上所述，我们可以知道，目标、路径、动力的组合形成了希望理论的基础，三者环环相扣，缺一不可（如图 3-6 所示）。希望是以目标为导向的，是动力思维和路径思维的融合体。对希望理论的阐释可以用一个图示来理解（如图 3-7 所示）。同时，希望还是一种积极的动力状态，这种状态源于动力思维和路径思维的交互作用，两者"不仅反复出现而且相辅相成"（Snyder，2002）。这种特点显示了希望的相对性，也就是希望既是较为稳定的，又在一定程度上受到情境的影响。

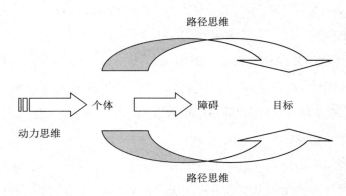

图 3-7　斯奈德等人对希望的定义

此外，希望模型中还有情绪情感的成分，但是，斯奈德没有将之作为希望的必要成分之一，因为在他看来，情绪情感是希望行为系列中个体对目标认知的附属产物，在整个系列中对行为起反馈与调节作用（如图 3-8 所示）。

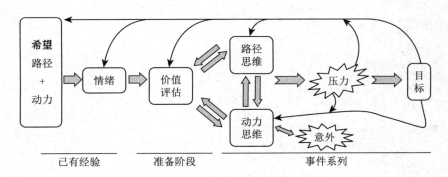

图 3-8　斯奈德的希望模型

随着研究的深入，更多的研究者认为，希望既包含认知成分，也包含情绪成分。从情感的角度来说，希望是被个体预想的积极情感与消极情感之间的差异所左右。当预想中的积极情感大于消极情感时，个体产生希望，差异越大希望越大；预想中的积极情感等于消极情感时，不产生希望；预想中的积极情感小于消极情感时，则产生与希望相反的情感——失望，且差异越大失望越大。

在性别方面，男女学生的希望水平没有显著性差异，这与 Snyder 等人在美国以几千人为样本的研究结果是一致的（Snyder, 1995），男女可能在希望的内容上有所不同，但是希望的程度没有差别。

（二）希望与乐观的联系与区别

希望和乐观是一枚硬币的两面，还是两枚不同的硬币呢（Bryant & Cvengros, 2004）? 更好地理解希望和乐观的异同有助于厘清积极心理学领域中的这两个重要概念。

肖倩等人（2013）认为，在各种生活领域中，既需要用乐观来维持积极的情感应对，更需要用希望维持对实现目标的动力和坚持性。关于希望和乐观的联系与区别，可以参考表 3-2。

表 3-2　希望与乐观的联系与区别

维　度	希　望	乐　观
概念内涵	1. 认知与情感整合观点 2. 定义为一种目标导向思维，包含路径思维和动力思维 3. 概念核心是以目标为中心的动力思维和路径思维	1. 气质性乐观是一种与个体的未来取向密切相关的概念 2. 定义为"相信好事而非坏事会发生"的稳定倾向 3. 概念核心是指向未来的积极预期
共同变异	目标态度	
共同性	1. 在指向未来预期时，希望和乐观被认为是一种人格特质 2. 对未来目标的信念，指面临有价值的预期结果时对目标追求的认知，是对未来相对稳定的预期。兰德（2009）认为，希望和乐观使人对预期结果产生一种信心感，并进一步产生有关特定目标的积极思维，进而产生更大的动机和更多的积极情绪，因此更可能实现目标	
差异性：预期方式	1. 希望强调实现目标的个人动力和方法策略 2. 希望的积极预期直接指向目标实现 3. 希望的动力思维类似于效能预期，路径思维类似于结果预期 4. 希望理论认为结果预期和效能预期同样重要	1. 乐观侧重对结果产生普遍预期，较少关注如何实现目标 2. 乐观的积极预期更多是对积极事件的一般预期 3. 乐观类似于结果预期 4. 乐观理论认为结果预期决定目标导向行为
差异性：预期事件控制力	个体对希望指向的预期有较大的控制力	乐观仅仅指向对未来结果的一般预期，所以乐观者不考虑自己在实现这些目标时的个人控制力

（续表）

维　度	希　望	乐　观
差异性：对主观幸福感的影响	1. 希望更多地与实现论的幸福感有关 2. 希望侧重维持主观幸福感的目的层面 3. 希望的动力思维对生活满意度有更好的预测力，并通过维持目的性而增进主观幸福感	1. 乐观更多地与享乐论的幸福感有关 2. 乐观侧重维持主观幸福感的快乐层面 3. 乐观更多地对情境作出有利于目标实现的应对而增进主观幸福感
差异性：对学业成绩的影响	希望对学业成绩有更好的预测力	乐观对学业成绩的预测力小
差异性：影响机制	1. 希望是认知、情感的复合体，所以可将希望归为一种情绪智力 2. 高希望者对于自己实现目标的能力有清晰的认知，拥有达到目标的多种途径，当使用某种途径失败时，个体还有其他替代途径 3. 希望包含对各种生活目标的预期，具有实现目标的动力、坚持性等积极情绪 4. 希望既能增加心理储备，又能增加心理收入	1. 乐观包含更多的情感成分 2. 乐观者在目标面前仅产生美好的愿望，但缺乏付诸行动的勇气 3. 乐观者更多的是对情境作出一种积极的情感应对，而并未将自己看作该事件的发起者，也不采取可能实现该积极事件的特定行动 4. 乐观仅仅包含着整体的预期 5. 乐观仅仅增加了心理储备
差异性：对学业表现的影响	希望既提供了实现努力的各种行动计划（路径思维），又提供了实施这一计划的动机（动力思维）	乐观者用弥散的信心感维持着良好的心态而没有清晰的行动方案

在斯奈德的目标、路径、动力三要素希望理论的基础上，新近的研究还增加了人际因素和内省因素，以更加凸显动态系统视角下的希望发生发展过程（Colla et al., 2022）。人际因素的提出，是基于希望的影响因素，包括人们对自身在生态环境中所拥有的资源的感知。内省因素的提出，是为了体现目标对个体的内在意义感。

二、希望的提升路径

希望是痛苦的挡火墙。人只要有希望，就可以坚持下去。希望就像"氧气"一样，让我们有"活"下去的心理资源。提升希望水平，意义重大。

（一）希望理论应用的操作步骤

就希望理论在学校的应用操作，国外心理学家提出三个范畴，涉及目标、路径和动力。这些可以运用在个体或团体希望干预中。可以参考斯奈德等人（2002）关于学生的重要目标设定、路径和动力中的更多细节。关于提升学生希望水平的步骤，可参见表3-3。

表 3-3　提升学生希望水平的步骤

序号	步　骤	内　　　容
1	管理学生的希望	在这个过程，第一步是让学生完成适当的希望测量。学校心理教师会记录总分和路径、动力分量表的分数
2	学习关于希望的概念	一旦希望分数的基准设定好，学校心理教师能和学生讨论希望理论和它的相关性，关于改变过程和积极的结果
3	帮学生架构希望信念	在这个步骤中，学生会创造一个重要生活成分的清单，决定哪些领域是最重要的，并讨论他们对各个领域的满意度
4	设立积极和特别的目标	使用之前写好的重要生活成分清单，学生和学校心理教师一起讨论，教师引导学生设立可行的目标，目标必须同时积极和特别。这些目标对学生而言，应该是重要的、可达成的。除此之外，学生会针对每一个目标和确定的动力思维发展多种路径
5	熟能生巧	一旦学生和学校心理教师对目标有相同的看法，学生应该将如何达到目标的每个步骤视觉化和文字化。通过这些练习，学校心理教师针对目标，引导学生形成更有效的路径、动力思维
6	记录	学生会将这些目标、路径和动力与他们的生活结合在一起，并向学校心理教师报告目标达成的过程。学生和学校心理教师再次合作去调整或修改在实际行动与想法之间的差异，这些差异可能阻碍学生的目标达成
7	回顾和循环	过程是循环的，要求学生和学校心理教师持续地评估。无论如何，一旦学生了解希望理论的概念，学生在推行希望理论使其成为自己独一无二的生活经验方面会有积极的责任感

（二）帮助学生设定目标的方法

设立能让学生兴奋的目标，也可依学生的年龄及具体情况调整目标。讨论并鼓励学生设立各种生活领域的目标，并帮助学生依据重要性对目标进行排序。帮助学生选择好几个目标。当所面对的目标遇到严重阻碍时，他们可以转向其他重要目标。教导学生如何为了目标设定明确的标记（例如，支持具体的标记，像是"每一天，准备学习一个小时，为了我的下一次数学考试"来替代"获得好成绩"）。鼓励他们树立路径目标（更有效率）。支持学生思考"我们"的目标和"我"（学生个人）的目标。

传递希望的基础是帮助学生设定目标。当然，目标必须依照学生的年龄和特殊情况来调整。如果学校心理教师先使用工具测量学生的价值、兴趣和能力，那么每一个学生都能设计出特殊的目标。同样地，学生能被询问最近的重要目标，它们非常有意义和令人愉快。这些近期活动有助于形成适当的未来目标。一旦学生在教师的帮助下产生了一个目标清单，那么接下来学生应该将这些目标分为不同等级。通过这样的过程，学生学习到如何按重要性排列目标的重要技巧。一些学生，特别是那些低希望水平的学生，不按重要性排列他们的目标（Snyder et al., 2005），他们在实践中容易出现适应不良，冲动地想要追求他们脑中任何一个或所有的目标。

如果学生被帮助建立他们想要的目标，下一个步骤是教导他们如何为这些目标设定清楚的标记。这些标记能使学生朝着目标追踪。"获得好成绩"是一个普通目标，是一个在我们看来非常适得其反的模糊目标。这些目标缺乏清晰度，学生不能知道他们何时可以达成，比清楚定义的目标更难达成。因此，学者提倡具体化标记像是"为了准备下一次生物考试，我每天学习一个小时"。有了后者的目标，学生不仅能辨别何时他们能达到目标，还能体验一种成功的感受。

其他帮助学生的重要方面是鼓励他们建立路径目标，在这个过程中他们尝试前进并将某些事情完成。学者发现高希望水平的学生更有可能在他们的生活中使用路径目标，而低希望水平的学生倾向使用逃避目标。教育工作者和家长应该帮助学生抛弃逃避目标并接受更有创意的目标设定。

同时，高希望水平的学生显然对除了他们自己以外的其他人的目标也有兴趣。因此，学者看到其中的优点，并鼓励学生去思考"我们"目标和他们有"我的"目标这些方面（Snyder, Cheavens, and Sympson, 1997）。举例来说，鼓励学生在解决困难的数学问题时彼此帮助，这能创造一种分享的成就感，从而降低竞争。这有助于帮助学生和同伴相处，并产生更从容的、更令人愉快的人际交往。

总体而言，希望形成的核心机制是：树立目标，激发动力，寻找路径，跨越障碍。希望感让我们看到路的尽头可能是另一条路，带着希望能带来主动的作为，缺乏希望会让人感觉生活就是在受煎熬。其中，适切的目标能激发对未来的希望。教师、家长应帮助学生设置适切的目标与明确的计划，既不至于压力过大，也能激发孩子的内在动机与动力。好的目标应该具有"SMART"特征：S（Specific）——具体，"每天玩电子产品不超过 1 小时"就比"不要过度使用电子产品"这样的要求具体；M（Measurable）——可测量，"每天跳绳 400 次"；A（Action-oriented）——行动导向的，即目标设定好后要用具体行动来落实；R（Realistic）——现实的，不脱离现实条件来设定目标，如一晚不睡觉也要把某张复习卷做完即脱离现实；T（Time-bound）——有时限，如 1 个星期内完成错题整理。

（三）帮助学生发展路径思维的方法

为了强化路径思维，最常见的策略是帮助学生将大目标拆成较小的子目标。这样分阶段的想法，是将长期目标分散成有逻辑性的、可以着手进行的小步骤，一次完成一个，依序进行。低希望水平的学生会认为，最大的困难在于如何规划子目标（Snyder, Cheavens, and Sympson, 1997）。他们态度不对，时常坚持不正确的信念目标，引起反效果。同样地，低希望水平的学生可能没有就计划过程从他们的照顾者、教师或其他成人身上得到很多的指导。学生能学习将大目标拆成小目标的计划，借着练习将目标划分为许多小阶段，实际上学生能将他们生活中任何一个大目标拆解为子目标，这能给他们带来自信。

或许学生的弱点不是将目标分为小阶段，而是在辨别通往想达成目标时的几种路径时陷入困境。在生活中想达成目标遇到阻碍的场景经常发生，欠缺替代路径通往这些目标，学生会变得非常沮丧，并放弃目标。这在某种程度上可以解释，先前研究发现的低希望水平学生的辍学率较高（Snyder et al., 2002）。

鼓励学生思考自己的目标（例如，为了达到你的目标，你需要做什么？），并确定多个路径到达期望的目标（例如，如果遇到障碍，你会怎么办？）。

支持"保持持续前进的思想"。如果一个通道行不通，就尝试其他路径。因此，学者鼓励教导学生在着手追求他们的目标时，思考多种通往想要达成目标的路径。同样地，学生必须要学习，如果一个路径行不通，那么他们还有其他路径去尝试。

帮助学生学习不要将阻碍归因于自己缺乏天分，而是改为更有创意的归因；帮助学生搜索其他可行的、更有创意的路径；帮助学生认识到他们是否需要一个新技能，并鼓励他们学习。提醒他们，他们可以随时寻求帮助。

（四）帮助学生强化动力思维的方法

请记住，建立在内部个人标准之上的目标比那些基于外部标准的目标更具激励作用。虽然，学生应该选择对他们来说很重要的目标，这样的目标可能是被同伴、家长或教师强加的目标。同样地，学生没有获得这些被强迫的目标的动机。当学生缺乏能满足他们需求的个人目标时，他们的内在动机和表现逐渐削弱了。因此，目标建立在内在的、个人的标准比起外在的标准更加具有激励作用。

帮助学生根据他们先前的表现来设置"延伸"的目标。帮助学生去设定可伸缩的目标也是令他们振奋的。这些可伸缩的目标是以儿童或青少年之前的表现和就个人而言建立更复杂的目标。当进度受阻时，可伸缩的目标可因此而加强内在动机和心理弹性。

　　帮助学生监控他们的自我对话（例如，通过在日记本上书写等方式），并鼓励他们以积极的声音说话（例如，"我可以做到这一点""我会坚持下去"）。个体常常不理解他们的自我对话能影响他们目标达成能力。如果他们的内在对话是在高动力思维水平上，让学生保持写日记（作为一种不间断的自我对话）能帮助他们作出决定。我们建议那些低希望水平的学生去和他们负面的、过于严苛的自我对话进行辩论，引导他们如何用更多现实的、积极的、具有创造性的想法去替代不间断的自我批判。这个方法在它生效之前需要重复练习，告知他们这一点十分重要。

　　让学生参与有趣的团体活动。和学生说故事，并为他们提供书籍，描述其他学生是如何获得成功或克服逆境的。鼓励学生享受和学习通过努力达成自己目标的过程。抱有希望的学生在他们的困难时期常利用他们有关积极经验的记忆去维持他们的活泼开朗。用这种方式，他们告诉自己令人振奋的故事，或是创造自己积极的个人的叙述手法（Snyder et al., 2002）。相反地，低希望水平的学生可能不会有基础的积极记忆去支撑他们。给他们讲故事或提供给他们有关其他学生如何获得成功或克服逆境的书，能为低希望水平的学生提供一个典型，让他们依据这个典型开始建立自己的动力思维。读者可以参阅表3-4，此表总结了能增加希望的日常生活策略。

表 3-4　能增加路径思维和动力思维的清单

路径思维	该做的	·将长期的目标分成小的步骤或子目标 ·开始你的远大追求，从聚焦在第一个子目标开始 ·练习建立不同的路径达成你的目标，并选择一个最适合的 ·在精神上排练剧本，当遭遇困难时你会怎么做 ·如果你需要新的技能去达成你的目标，就去学习它 ·结交双向的友谊，你能给予，也能得到建议
	不该做的	·认为你能立刻到达你所有的大目标 ·太草率地制订通往你的目标的路径 ·太匆忙去选择最佳或优先路径达成你的目标 ·关于寻找一个到达目标的完美路径想得太多 ·当最初的策略失败了，归结于你缺乏天赋或不够好 ·结交朋友，在这段友谊中你没有因想到解决问题的办法而获得称赞

（续表）

动力思维	该做的	• 告诉自己你已经选择了目标，所以去追求它是你的任务 • 学习用积极的声音和自己说话（例如，"我做得到！"） • 回想之前成功的目标追求，特别是事情搞得一团糟的时候 • 能自嘲，特别是当你追求目标遭遇了阻碍时 • 当原本的目标遇到顽固的障碍时，寻找替代目标 • 享受追求目标的过程，不要只聚焦于最后的达标
	不该做的	• 允许自己对生活中出现的阻碍反复地感到惊讶 • 试着压制全部的、任何的内在贬低想法，因为这会让它们更强烈 • 如果你任性的想法没有快速增加，就会变得不耐烦 • 断定事情永远不会改变，特别是当情绪低落时 • 当面临逆境时，忙于自我怜悯 • 当目标实际上已经受阻了，仍坚持原定的目标 • 时常询问自己达成目标的进度如何了

三、提高希望水平的实践案例

（一）问题情境

13 岁的小力原本和家人买好了机票去国外旅游，但妈妈突然被单位告知要加班。这突如其来的变化把小力一家人的寒假计划都打乱了。小力本来很期待这次旅游，因为这次旅游是妈妈特意让小力设计的行程安排，小力花了不少时间看各种攻略，吃住行游购娱方方面面，小力铆足了劲，想要向爸爸妈妈证明自己的能力。小力想和爸爸去，可是爸爸说妈妈一个在家会很辛苦，还是都留在家里互相有个照应。

小力想想也对，但还是觉得很窝火，很想找人大吵一架，又不知道该对谁发这个火，因为爸爸妈妈都没错。"计划不如变化快"这句话，小力算是领教了。

向来温和的爸爸最近很容易发脾气，一会儿说妈妈怎么就不能请假，一会儿又责怪小力怎么就不能不玩游戏。小力觉得整个家都乱套了。没机会出去旅行，在家又不能安心学习，无所适从啊。

由于难以预料变化，案例中的小力不得不放弃原来的计划，心情烦躁在所难免，被情绪牵着走，迷失了方向，焦躁得不知要做什么是好。小力怎样才能拨云见日，从无所适从的迷茫中走出来呢？

（二）解疑释惑

小力的问题可以运用积极心理学家斯奈德提出的希望理论来探讨。

问：什么是希望理论？

答：希望理论认为，个体的生活都是以目标为基础的，有关目标的思维就是希望。希望由两部分组成，即以目标为导向的动力思维和实现目标预定路径的路径思维。在孕育希望时，动力思维和路径思维会同时出现，两种成分是叠加的，它们之间会产生涟漪效应。

问：小力要确立目标，就要用路径思维和动力思维走出迷茫，是吗？但是，小力之前的目标是出国旅行，这个没办法实现了吧，遇到这种情况，希望理论怎么解释呢？

答：目标、路径和动力三者环环相扣，缺一不可。人们所设定的目标可能是短期或长期的。但是，所有的目标都必须具有足够的价值，并且具备具体性、可达到性、可测量和意义性这四个特点，我们才能有效地去达成。暑假出国旅行这个目标在小力现在的家庭决定中，显然已经是不可达成了。所以，这个目标失去了价值。这时候找到另外的有价值的目标对小力来说非常重要。

问：明白了，小力受"计划不如变化快"这句话影响，用希望理论怎么看这句话呢？

答：现实生活中，"计划不如变化快"这是非常常见的，恰恰是这个时候最能看出一个人的希望水平。对于高希望水平的人来说，他们思维灵活，会及时调整路径以应对新的环境，即使是在阻碍面前，他们也会努力思考和寻找较多的方法与策略，也就很快能通过别的方法或策略来解决，也就是说他的路径思维和动力思维水平都比较高。低希望水平的人，则常常缺乏多种路线达成目标的路径思维和主动适应变化的动力思维。

问：小力现在情绪混乱的情况下，能走上提高希望水平的路吗？

答：小力目前情绪混乱没关系，仍然可以找到一个有价值的目标。在实践中，通过路径思维和动力思维的调动，情绪也是会改变的，情绪变化又会对行为起反馈与调节作用，最终走上良性循环的希望之路。

（三）实践探索

了解了希望理论，让我们一起来看看，怎么帮助小力以及和他一样有这类困惑的同学走出迷茫吧。

1. 稳定情绪，重塑目标

为了能确立可达成的有价值的目标，需要以下四个步骤。

步骤1：运用情绪稳定技术，先让心安定下来。

采取一个舒服的方式坐在椅子上，腿和手不要交叉，慢慢地、深深地呼吸。观察四周，说出五个能看到又不会感觉困扰的东西。比如，可以说，"我看到地板""看见我的床""看见我的书桌"等。然后再次深呼吸，说出此时从头到脚每个主要部位的感觉，如冷热酸麻等。渐渐地让心静下来，接着进入下一步。

步骤2：头脑风暴——×××的五样。

静静地坐在桌前，拿出笔和纸，写上×××的五样。比如，小力的五样。在纸上快速写下自己认为生活中最重要的五样东西，可以是具体的物体，如食物、水或钱；可以是人和动物，如父母、狗等；可以是抽象的事物，如健康、科技、音乐等。总之，尽可能天马行空地想象，只要把内心最珍贵的五样东西写出来就行了。

看着这五样东西，想象此时你乘坐在一艘船上，这五样东西是五个包裹，此时风浪来了，你不得不放弃一个包裹，你会先放弃哪一个？之后，又必须放弃一个，以此类推，再放弃另外几个，最后剩下一样东西，这一样是什么？假如，情景中小力的五样，最后剩下的是父母。也就是说，小力认为父母对他来说是最重要的。

步骤3：制作思维导图。

为了最重要的人或物，我要做哪些事情，逐步推演到当下要做些什么。

比如，对小力来说，父母是最重要的。因此，小力思考做哪些事，可以体现重视父母亲情，孝顺父母。

步骤4：重设有价值的目标。

以小力为例，小力长期目标是孝顺父母，现阶段目标是分担家务、陪父母、打理好自己的生活和保持健康、认真学习等。这些目标再进一步分解为具体可操作的小目标。例如，每天要用1个小时做完1套数学习题；每天要背默10个单词；每天晚上陪爸爸做饭等。

2. 分解目标，制订计划

对前面的目标分解进行再分解，将分解到最后的可执行内容列入每日计划，见表3-5。每日早上填写计划，晚上评估。除了将日常起居、学习和促进亲子关系的活动等方面列入计划表外，还要把让自己快乐的事情也纳入计划。劳逸结合的计划表才可能长久地实施。

步骤1：分解目标。

将学习内容分解到具体科目、具体章节；将陪父母的活动具体化，快乐的事情具体化。

步骤2：制订计划。

记录计划的完成情况和完成后的愉悦程度，每天评估时，可以针对性地调整第二天的计划。

表3-5   每日计划表

序号	任务	具体计划安排	计划时间	完成情况	完成后的愉悦程度（1—10打分）
1	早睡早起	起床时间；睡觉时间			
2	学科学习	遵从学校安排			
3	课后作业	细化时间安排			
4	家务劳动	洗碗、拖地	（机动）		
5	体育锻炼	跳绳等	（分多次，至少1小时）		

（续表）

序号	任务	具体计划安排	计划时间	完成情况	完成后的愉悦程度（1—10 打分）
6	个人娱乐	玩游戏、看电视	（时间要严格控制）		
7	阅读	看喜欢的书			
8	亲子活动	共运动、共做饭、聊天	（机动）		
备注	1. 当天任务没有及时完成，要用机动时间补上 2. 如果当天任务提前完成，可奖励自己娱乐时间 3. 给每天的任务完成情况及愉悦度打分，及时调整				

3. 困难预演，开拓路径

对可能遇到的困难进行内心自问自答式的预演。如果某个时段内容没有完成，怎么处理？可能会遇到什么困难？有没有什么方法可以解决？遇到自己无法解决的困难，可以求助于谁？用这些问题经常问问自己，在晚上回顾评估时，做进一步的调整。

4. 家庭会议，反馈监督

针对每日计划表，要求家长一起参与讨论，听取家长意见，将自己的每日执行情况和家长交流。把计划表贴在家庭成员都能看到的地方，如冰箱上。这样，既方便家长提醒监督，又可以作为自我督促的方法。

（四）体悟与建议

1. 学生体悟

小力：当我开始尝试调整情绪和设立目标时，我的心渐渐地从躁动不安中平静了下来。那一刻，身心真舒服。然后我开始做我的五样，我发现原来我那么在乎父母，我也意识到去国外旅行并不是我的目标，我真正的目标还是想向父母证明自己长大了，我会安排这些事了。顺着这个用思维导图继续思考，我看到我现在有好多事情要做。那时，感觉思路越来越清晰，迫不及待开始制订详细计划去落实了。这大概就是我内心的希望之火被点燃了吧。在实施计划后，我的生活越来越充实，每天做完事情在计划表上打钩的感觉真好。我看到爸爸、妈妈欣慰的目光，我们这个家变得更温暖了。

2. 给家长的建议

（1）快速调整情绪，当好家庭主心骨

家长在工作压力等外在刺激下，情绪也容易产生波动。家长需要首先觉察到自己的情绪变化，夫妻之间互相观察和提醒，并进行积极的沟通。快速调整好情绪状态，恢复家庭主心骨的担当能力。夫妻关系和谐，有利于提升孩子的安全感。家庭稳定，一切都有希望。

（2）协商制订计划，当好孩子陪伴者

父母和孩子共同在家时间过长后，容易对孩子唠叨，"快看书去""少玩游戏"这类声音不绝于耳，这不利于和孩子的沟通。要和孩子一起协商制订每日计划，及时督促落实，少唠叨，多用路径思维和动力思维来考虑怎样更好地陪伴孩子。

3. 给教师的建议

（1）发掘优点，善用鼓励点燃希望之火

教师对中小学生的影响很大，平时要多发现学生的优点，多用鼓励的语言让学生内心对学习有热情，对生活充满希望。

（2）组织活动，激励团体分享希望故事

教师可根据情况安排心理健康主题班会活动，在活动中让学生分享有关设立目标、落实目标的心得，让学生互相学习，彼此感受到希望。

总之，希望总能让人感到生活的美好，而美好是人生永不凋零的希望。

（五）拓展思考

1. 从小一直在上海读书的莉莉，初二的时候，突然被家人告知因积分不够，初三没办法考上海的高中了。成绩一向优异的莉莉顿时感觉蒙了，之前知道父母一直在为上海户口努力着，总觉得是有希望的，没想到最后还是这个结果。莉莉现在不想做学校的作业，觉得做了也没意义，有时候甚至觉得来学校上学也没意义。莉莉该怎么办呢？

2. 小新，初一，成绩一般，他和谁都可以嘻嘻哈哈，同学在认真学习时，他总说"那么努力干吗，人家不考大学也能当老板"。当教师问他以后是不是想做生意当老板，他又支支吾吾地说自己瞎说的。教师让小新好好想想，以后大了想做什么。他说不知道，感觉只要不读书就行了。教师觉得小新这样的孩子不读书有点可惜，但又不知道怎么帮助他。

（案例来源：朱仲敏.积极心理学视角下中小学生心理免疫力提升指南［M］.上海：上海教育出版社，2020.此案例由余智华老师提供，选入时案例略有改动）

总之，伴随着研究普通人积极品质和潜能的积极心理学的兴起，希望是其中广受关注的一个概念，它会影响人的目标导向行为、目标达成、身体和心理适应、主观幸福感等。早期的希望概念被认为是实现目标的积极预期。至 1991 年，斯奈德提出了希望理论，在强调预期的同时，提出了达成目标所必需的计划和动机。希望越来越受到人们重视，且被广泛应用于教育、医学、心理咨询等领域。希望被形容为生命之光，也有人把希望比作坚韧的拐杖，这些比喻或形容都凸显了希望的可贵。青少年的身心发展在初高中阶段尤其快速，这一阶段也是人格发展的重要时期，是生命成长中极其重要和关键的时间节点。本节从积极心理学的研究视角出发，通过对青少年希望的研究，深入理解希望的作用机制，为今后针对青少年基于希望理论而展开的应用打下良好基础，使学生和教师都能意识到希望的重要性，提高希望理论的应用水平，并举出国内研究者有效的希望干预实践案例，让学校和心理健康教师参考及运用，针对性地提高青少年希望质量，更好地为青少年心理健康服务。

第五节　乐观：与未来的积极联结之二

丘吉尔曾说："悲观主义者在每个机会中看到困难；乐观主义者在每个困难中看到机会。"对现在特别是未来是否乐观，影响着个体的发展状态与结果。从丘吉尔的名言中，我们也可以看到，乐观者不是不会经历困难，乐观者的生活也并非完美。乐观者与悲观者的重要区别是，前者以积极的方式看待与应对困难，并更好地调整自己的心理与行为。教育是面向未来的事业，而怎样看待未来是每个个体都会遇到的现实问题。保持、增进乐观能激活人生向前的心理资源。

一、理论分析

有人习惯戴着灰色眼镜看世界，有人则努力让自己迎向光明。无助感和悲观是学习得来的，同样地，乐观也可以借由学习而养成。

（一）乐观的概念

《辞海》中关于乐观的定义是：精神愉快，对事物的发展充满信心，跟"悲观"相对。乐观的现代根基可以追溯到 17 世纪的笛卡尔和伏尔泰等哲学家的著作（Domino & Conway, 2001）。在这些哲学作品之前，关于乐观的概念在很多伟大的宗教传统的教义中已经出现，如佛教和基督教（Miller, Richards, & Keller, 2001）。在 20 世纪，乐观的定义已经和悲观并列，有时候人们认为乐观和悲观是线性两端的不同概念，觉得这两个概念相关，但是不同的概念（Garber, 2000）。

现代的模型倾向于更加关注辨别乐观和悲观的不同，如用期望理论阐述，或是解释的过程、解释风格的阐述（Scheier & Carver, 1985; Seligman, 1991）。塞利格曼等人倡导积极心理学运动，主张研究人的发展潜力和美德。这一运动使心理学研究者对积极主观体验开展了大量的研究。在这种背景下，乐观已成为西方积极心理学的核心概念和研究热点，成为一个重要领域，是影响人身心健康的重要因素。有研究者甚至指出，乐观主义不仅是对抗生活挫折的缓冲剂，更是抵御当代社会人类疾病的一种有力武器（张倩、郑涌，2003）。

最早对乐观进行界定的是社会学和人类学家泰尔格（Tiger, 1979）。他认为，当评价者把某种社会性的或物质性的未来期望视为社会上需要的、对他有利的或能为他带来快乐时，那么与这种期望相关联的心境或态度就是乐观。研究者普遍认为，乐观是一个与个体的未来定向密切相关的概念（温娟娟、郑雪、张灵，2007）。

乐观研究的第一种取向是气质性乐观。沙伊尔等人基于传统的期望价值理论，根据行为的自我调节控制模型提出了气质性乐观（Dispositional Optimism）的概念，也称为乐观人格，认为气质性乐观是对未来好结果的总体期望，认为乐观是人们在相似的行为情境中发展的一种类化期望，具有跨时间和跨情境的一致性（Scheier, Weintraub, & Carver, 1986）。在气质性乐观理论中，乐观被定义为：（1）期望积极结果的倾向；（2）相信积极事件多于消极事件的信念，或者倾向于看到事物好的一面的倾向（Boman, & Hsi, 2022）。

乐观研究的第二种取向是乐观解释风格。塞利格曼通过著名的"习得性无助"的实验，证明了抑郁是由学习而来的。然而一个机缘使他的研究由抑郁转向了乐观（任俊，2006）。基于对习得性无助的研究，塞利格曼（1998）以归因理论为基础论述乐观，归因理论是指个体对成功或失败进行归因时表现出来的一种倾向，具有稳定性。他提出用"解释风格"来理解乐现。解释风格是指个体对成功或失败进行归因时表现出来的一种稳定倾向，具有稳定性，并将解释风格分为两种：乐观解释风格和悲观解释风格（Abramson, Seligman, & Teasdale, 1978）。乐观是一种可以通过学习而获得的解释风格。

按照这种观点，一个人之所以乐观，主要是因为这个人学会了把消极事件、消极体验及个体所面临的挫折或失败归因于外在的、暂时的、特定的因素（同时以内在的、稳定的、普遍的因素来解释积极事件），这些因素不具有普遍的价值意义，称为乐观的归因方式，拥有乐观归因方式的人称为乐观者；与此相反，一个人之所以悲观，则是因为这个人学会了把消极事件、消极体验及个体所面临的挫折或失败归因于内在的、稳定的、普遍的因素（同时以外在的、暂时的、特定的因素来解释积极事件），称为悲观的归因方式，拥有悲观归因方式的人称为悲观者（Alan, 2004）。那些有着悲观解释风格的人更倾向使用归因理论的三个维度——个人的（"这是我的错"）、永久性的（"它总是这样发生"）以及普遍的（"它影响我做的每件事情"）。

气质性乐观是个体对未来好事件的总体期望。乐观解释风格的个体倾向于将消极事件归因于外部的、暂时的、特定的因素，将积极事件归因于内部的、稳定的、普遍的因素（任俊，2006）。彼得森称前者为大乐观主义，可能是一个具有生物学方面特征的倾向，但它用一种社会可接受的文化形式表现；后者为小乐观主义，可能是一种特殊学习经历的产物（Peterson, 2000）。两种研究取向并不矛盾。

（二）乐观的生成理论

1. 天性论

伴随 17 世纪现代哲学的开端，乐观和悲观首先引起西方哲学家的注意，他们认为乐观和悲观指人类能达到准确预测未来的能力。人类早期对乐观的阐述可以追溯到 18 世纪初的莱布尼茨，他把乐观界定为一种天然的理性范畴的认知方式，即使有时候美好善良会伴随着一定的痛苦，但他们最终必然会战胜邪恶。悲观概念的出现要比乐观概念晚了近一个世纪，这个概念最早是由德国哲学家叔本华和英国著名诗人柯尔律治提出的，特别是叔本华的悲观人生理论对悲观作了深刻的诠释。叔本华否定人具有理性的本质，而认为人的意志和欲望是人的本质，他把悲观看作人类固有的实体，是一种痛苦必然战胜幸福的实在物，而乐观则是悲观的暂时中断，这就导致他悲观的人生理论（马甜语，2005）。

天性论乐观理论认为，乐观是人的一种天性，是与生俱来的，人类的社会环境或文化只是助长了或限制了这种天性的发展。这种天性论的支持者很多，如苏格拉底、尼采、弗洛伊德等，近代人本主义心理学者马斯洛、罗杰斯等。但在古代或弗洛伊德心理学那里，这种天性论理论实际上具有消极的意义，包括索福克勒斯（古希腊悲剧诗人）、尼采等很多人都认为人具有乐观的天性只是为了延长人类自身的痛苦。所谓人总是在泥泞之中仰望璀璨的星空，乐观只是让人在严酷的现实面前不至于立刻倒下的一种麻醉剂，这种思想后来在弗洛伊德的理论中得到极致的发挥。

弗洛伊德在《妄想的将来》中写道，乐观是人普遍具有的一种天性，但它只起着幻觉的功能，尤其是当它和宗教规则结合在一起后，它会使人对现实失去正确的知觉而变得心安理得，甚至会使人出现强迫症。反之，心理能量不平衡时则会产生一种对将来不快乐的幻觉式的期待，也就是悲观。

到了 20 世纪六七十年代以后，由于认知心理学的兴起，一些心理学家发现，人们并不是严格按照现实的状况来思考和行动的，而是以一种天生乐观的心态来思考和行动的。例如，人们在和别人交流或是一个人独自写作时，通常使用积极的词汇比使用消极的词汇更多；大多数人在评价自己时，一定比评价别人时使用更多的积极词汇；在自由联想实验中，人们记得更多的是一些美好的事件，而且对这些美好事件的回忆时间也相对更长。从已做过的一些心理学调查来看，大部分人的自由联想实验得分都会高于理论上的平均分。这一现象说明，每一个人认知的各个方面，如记忆、想象的测验得分等都似乎是在平均数以上，而事实上这是不可能的。因此只有一种解释，那就是心理健康的人都具有一种乐观的天然倾向。

心理学家泰尔格是拥护天性论乐观的学者，他在著作《乐观：希望的生物学》中明确指出，乐观是人类物种的一种生物属性，是人类在进化过程中形成的一种机制。这种机制随着人类认知能力的提高和社会文化的进步而不断发展。他甚至推论乐观推动了人类自身的进化，因为人为了保持自己的存在和种族的延续，不得不去思考未来、主动追求未来。在上古时期，人类的祖先生活在非常艰苦的环境里，不时受到各种野兽、毒虫等和自然灾害的侵袭，每天过着食不果腹的生活，寿命一般都很短。人类要想在这样艰难的环境中生存下去，就不得不发展某些机制来对抗这种恐惧和不安，而这种机制就是乐观。虽然都是天性论，但是泰尔格的观点和弗洛伊德的观点不同。泰尔格认为，乐观是由进化遗传而来，而不是其他心理特性衍生而来。乐观摆脱了看不见的心理能量，成为一种独立的机制。泰尔格的看法受到了进化心理学家的欢迎，其观点已成为进化心理学的一个重要理论支撑。

2. 学习论

主张学习论乐观的心理学家大部分是行为主义的拥戴者，他们把后天学习看作乐观形成的根本条件。依照他们的说法，乐观是人在特定的情景中获得的一种特定机械反射，是反应与强化之间的暂时性联结。乐观的获得必须借助刺激（S）与反应（R）之间的紧密相随，两者在时间上结合得越靠近，乐观就越容易通过学习而获得。这种观点过分强调外界环境的作用，它把人当作一个被动的、只接受外来刺激影响的物体。

另一种学习论观点——社会学习论，其持有者也认为乐观是由学习而来，但这种理论认为，学习过程不是单向的 S-R 过程，而是一种相互作用的结果，主体在这过程中会对 S 与 R 之间因果关系或意义做出探究，并在探究的基础上决定是否产生学习，学习过程是一个意义决定的过程。这样，社会学习论心理学家就把乐观的学习过程与动机、认知、情感过程联系起来。换句话说，乐观的学习受人的期望的影响。

总的来看，天性论强调先天因素，学习论强调后天因素。先天因素与后天因素不是割裂的，存在相互作用，特别是神经可塑性、表观遗传学等方面的研究，为理解乐观的后天培育、塑造与表现的多种可能性提供了新的视角。

二、乐观的提升路径

（一）家长如何提升青少年的乐观水平

家庭教育是教育的第一环节，也是青少年乐观培育极其重要的一个部分。因此，家庭教养方式是否恰当，在很大程度上影响青少年的乐观水平。国内学者王燕等（2013）发现，初中生的乐观倾向与家庭氛围有关。很不温馨的家庭在乐观因子和总体乐观倾向上要显著低于很温馨、比较温馨、一般温馨的家庭。这表明，越温馨的家庭，孩子就越乐观。

同时，家长还要注意自身的言行，以起到良好的榜样示范作用。有研究者发现，父母的解释风格与子女的解释风格有一定的相关。因此，家长在采取良好教养方式的同时，还要注意培养自身积极乐观的心态，以及乐观的解释风格，通过言传身教，为青少年树立一个乐观的榜样。

（二）教师如何提升青少年的乐观水平

在青少年心理健康教育课程中，如何激发学生的乐观情绪是教学的基础，也是教学中的一个难点问题，因为理论的讲述容易，实践的操作困难。就算学生学习和积累了很多乐观的方法，在实际生活中依然唉声叹气，找不到阳光的心态和缓解压力、宣泄情绪的方式，那么这样的心理健康教学无疑还是失败的。

心理学家的早期研究为青少年乐观培养作出了非常好的教学指导，实验研究也证实了乐观的可习得性，这为青少年乐观教育模式带来了借鉴意义（谢龙华、钟贞，2013）。

1. 树立学习和发展目标，相信好结果可以通过努力来获得。塞利格曼曾做过两个有意思的实验，第一个实验是将两组小白鼠分别放进一个盛满不透明液体的水池里，第一组的水池里有座小岛，但是淹没在水中的小白鼠看不见，第二组的水池没有小岛。第一组小白鼠在水池里拼命游啊游，直至发现小岛爬上去，第二组的小白鼠也在水池里拼命游啊游，直至筋疲力尽放弃努力。经过若干次实验之后，将两个组的小白鼠放进同一个没有小岛的水池里，结果发现，第一组小白鼠坚持游泳的时间是第二组的两倍，因为它们怀着找到小岛的希望，相信好结果会通过努力来获得，而第二组小白鼠早早地就放弃了努力，悲观的思维方式导致行为的"无助"。

因为缺少目标导致遇到困难时"习得性无助"的现象在个别学生身上时有出现：在上课时毫无动力，平时也缺乏进取心，一旦遭到挫折，首先想到放弃，不相信自己能取得成功。他们玩世不恭、吊儿郎当，完成学习任务时拖延，他们还往往沉浸在个人的世界里，不能吸收别人的意见和建议，并以消极的方式重复不变地对待所遇到的各种问题。这种深深的无助感会导致个体的抑郁，并对学习和生活失去信心，对人生的意义失去追寻的动力。这些青少年由于没有发展目标，认为无论如何努力都不会有好结果，所以活得浑浑噩噩，当一天和尚撞一天钟。

乐观产生的核心是发展目标的建立。青少年已经有了较强且丰富的生活经验和认识水平，结合自身的情况，确立自身的发展目标，并且深信这些目标在自己的人生中一定会实现。有了这样的目标，青少年无论经历怎样的事件或生活经历，都会更易于保持乐观，能从生活事件中的不幸看到万幸，从"山重水复疑无路"中看到"柳暗花明又一村"。人只有心怀乐观，才可能有坚定的行动，才可能将不利变为有利。乐观的人相信事情总会有好转的时候，他们具有更强烈的成功意念，激发更强大的成功动力，从而获得真正成功的机会。

2. 转变思维方式，提升青少年的自信。理性情绪疗法通过纯理性分析和逻辑思辨的途径来改变个体的非理性观念，以帮助个体消除或减轻情绪和行为上的困扰，它是由美国心理学家艾利斯于 20 世纪 50 年代创立的。理性情绪疗法能帮助学生以理性思维（即合理思维）方式来替代非理性思维（即不合理思维）方式，从而改变认知，以改变由非理性想法所带来的情绪困扰，从而习得乐观。

理性情绪疗法的关键在于辩证地看待事件带来的影响。要改变、反驳"全或无""一无是处""糟糕透顶"等不合理想法。比如，"先完成，后完美"比"我必须表现完美"就更合理。要学会在尊重事实的前提下进行批判性思维，如找到对"如果考不好，我会在亲戚面前一点面子都没有"想法的反驳点——"考试不是为了挣面子，是为自己的发展，跟其他人没有关系""亲戚不会因为我没考好而瞧不起我"等。其实任何事情，无论成功还是失败，其结果均有有利和不利两个方面。只关注不利的一面，极易使学生产生消极失望的情绪，无法自拔；而多关注有利的一面，或者做到合理的取舍，才能让学生建立积极乐观的情绪。

通过实施理性情绪疗法改变学生的思维方式，有利于提高学生的认知水平和自信。由于对同一件事情的认知不同会导致截然不同的结果和情绪，改变学生的思维方式就显得尤为重要，帮助学生最大限度地减少不合理的信念给情绪带来的不良影响，通过以改变认知为主的辅导方式，使学生减少或消除已有的情绪问题。教育中要注重让学生认识到乐观和悲观是从不同侧面看待问题的心态，抱怨只能增加心理负担。如果换一种思维方法，换一种想法，转变观念，排除非理性观念，采取积极、理性的想法，对于学生"习得性乐观"的养成也是非常有益的。

3. 改变归因方式，提高学生的动机水平。归因结果对个体未来的成就和行为有非常大的影响，因为归因会导致个体不同的倾向和情绪，由此影响个体对未来好结果的预期、期待与努力。

青少年遭遇挫折的自我归因，一般有以下三种模式。一是退缩型归因：随着他们屡遭生活的各种挫折，往往容易把失败归因于自己缺乏能力，甚至责怪自己智商低，不够聪明，产生强烈的自我谴责和自我否定的自卑感。二是攻击型归因：在遭遇挫折之后，周围的教师、父母、朋友不鼓励不支持，反而批评、指责、嘲讽、谩骂，别人的否定会让青少年出现本能地维护自尊心的表现，因此学生在态度和情绪上均容易出现对抗，以此来掩饰自己内心的激动和因自尊心受辱而感到的痛苦，出现攻击性行为。三是成就型归因：当青少年把失败归因于缺乏自身努力时，则会使他产生积极的信念，修改个人的抱负水平，形成良好的自我态度，在失败面前保持较高的自信心，加大努力强度，坚持到底，直到成功。

青少年错误的归因方式往往会让他们承受过重的心理压力，影响其学习与发展的动机水平。归因训练能通过一定程度的干预程序，改善或纠正个体在对失败或成功等不同结果上的错误态度，使其能学会进行积极、正确的归因，提高个体的动机水平和积极性，从而增强学习的积极性和主动性，使青少年的潜力得到充分挖掘，能力得到充分发展。为促使青少年归因方式的转变，教师应该做到对不同遗传天赋、不同知识层次、不同能力水平、不同个性性格、不同家庭环境、不同抱负程度的青少年因材施教、循循善诱，保护学生的自尊心，尊重学生的选择，给他们创造成功的条件，让学生感受到成功的希望，获得催人奋进的动力。教师要帮助学生在遇到事情的时候，通过管理自己、控制自己，在发掘事件背后的成因时，转变归因方式，努力促使自己形成乐观的归因风格。通过不断训练个体与自己的悲观归因和想法作出激烈的辩论、批判和反驳，不断让其内心生发出强烈的斗志，成就的动机激发了，才能产生成功的动力和无限的力量。

改变归因的核心在于两条：第一，遇挫时多做外在、暂时、特定的归因，如：只有我受这次考试不利的影响最大吗？一次没考好≠永远考不好，一门不好≠所有科目都不好，数学某部分差≠整个数学差。第二，遇到成功多做内在、稳定、普遍的归因。

4. 追寻生命愿景，激发学生发展的巨大潜能。对于任何一个人来说，生命过程中的压力是不可避免的，是自然伴随生命的展开而存在的，但是，压力是否能压垮一个人，取决于内在处理压力的方式和能力。生命愿景作为一种新的压力应对源，在乐观教育中起着重要作用（李虹，2004）。生命愿景就是对于自我超越的生命意义的信念追寻和执着，以及由此产生的生命控制感。生命意义是一个人对于生命的积极思考和内心信仰，是一个人为之奋斗的最高目标，对生命意义的追寻就是人们想达到目标的决心以及为此而倾尽全力的过程。

对青少年而言，追寻生命愿景的关键在于其追求层次的不断提升。生命愿景跨越了归属需要和尊重需要，以自我实现作为人生的追求目标。找到生命意义并努力去追寻是青少年生活的最强大动力，追寻生活目标，找到自己的优点，并宽容自己的缺点，悦纳自己的个性，并激发自身最大的发展潜能。随着追求水平的提高，他们无论做什么事情，都会认真对待，尽职尽责，无论成败，内心都会油然而生对自己付出的幸福感，从而更有信心期待好结果的产生。在此情况下，无助感的产生概率就会下降，乐观感的产生概率就会上升。

生命愿景作为一种新的压力应对源，也是一种新的生活哲学，注重从失败中看到成功，从丧失中看到收获，从消极转向积极，从忧郁转向乐观，同时还注重对缺点、错误、失败以及所有客观现实的接纳。这些生活哲学必然对青少年的生活方式产生巨大影响。如果在青少年教育中渗透生命愿景的培育，让学生产生乐观又现实的思维方式，这将对青少年的心理健康起着积极作用。

要保持乐观，我们需要积极行动，用奋斗替代"躺平"。要多积极应对（如解决问题、求助等），少消极应对（如逃避、自责、幻想等）。我们要辩证地看待乐观的习得，乐观并不是简单的、盲目的，而是建立在对现实深刻体会和认识之后的乐观，是一种灵活而现实的乐观。

三、提升乐观水平的实践案例

（一）问题情境

初三的小圆同学学习成绩一般，她担心自己的成绩不好，考不上高中。由于身体患病的影响，小圆不能去学校上课，只能在家里边休养边学习。几天下来，她觉得自己在家学习的效率很低。小圆同学自暴自弃地说："我彻底'废'了。等到病好了再去上学，我一定和同学之间的差距更大了，我考不上高中了，还不如就此放弃了。"

中小学生是未成年人，处于青春年少期，各方面都在成长发育阶段，由于脑发育的特征、激素的分泌、对环境的敏感等，易产生情绪起伏。那么，我们应该如何培养乐观态度，提升心理免疫力呢？

（二）解疑释惑

塞利格曼认为乐观是可以习得的，我们可以通过学习来提升乐观水平。下面我们就用这位积极心理学大师对乐观的论述来和同学们聊一聊"乐观"。

问：面对危机事件或失败，有一部分同学产生消极的想法，其中的原因是什么？

答：面对同样的危机事件或失败，部分同学会产生消极想法，是因为每个人的"解释风格"有所差异。"解释风格"就是人们对事情发生原因的习惯性看法，可以分为两种：乐观的解释风格和悲观的解释风格。乐观既可以是对现在的乐观，也可以是对未来的乐观。

悲观者相信坏事都是因为自己的错，认为这件事会毁掉自己的一切，而且会持续很久。而乐观者在遇到同样的厄运时，会认为现在的失败是暂时的，每个人失败都有原因，不完全是自己的错，可能是环境、运气等其他外在的、暂时的、特定的原因造成的。想法消极的学生可能存在悲观的解释风格。

问： 那么乐观和健康之间有联系吗？

答： 当然有，许多证据表明，心理状态会影响身体健康，人们对健康的看法会影响自己的健康状况。如果一个人是乐观的，那么他的免疫系统功能也会比较好。各种数据显示，乐观者比悲观者寿命更长。

问： 由此看来，乐观关乎健康。那些容易产生消极想法的同学有办法改变吗？

答： 悲观是可以改变的，悲观者可以通过学习形成乐观的情绪，转变为乐观者。

（三）实践探索

如何才能学习乐观呢？乐观是一种重要的积极情绪，可以用塞利格曼提出的"ABCDE 模式"来帮助人们改变那些面对不好事情时产生的消极的不合理想法，从而学习成为一名乐观者。这里的 A（adversity）代表逆境或不好的事，B（belief）代表当事件发生时自动浮现的念头、想法，C（consequence）代表这个想法所产生的后果，D（disputation）代表对想法的反驳，E（energization）代表你成功反驳想法后所得到的激发。

第一步：记录你的 ABC

学会去识别自己在情绪最低沉时自动冒出来的不合理想法，按照 ABC 的步骤写下来。

以上文中的小圆同学为例，运用"ABC 模式"，她可以将事情、想法和后果记录下来。

A：由于生病，暂时不能去上学，要在家学习。（事情）

B：我彻底"废"了，考不上高中了。（想法）

C：自暴自弃，放弃学习。（结果）

这样做，可以通过与自己对话的方式，更好地了解自己的内心想法。对于年龄小的学生，可以使用简化的方法，比如，可以使用口头的形式来说一说。

第二步：学习自我反驳

可以试着反驳自己产生的这些不合理想法，要明白自己产生的这些消极想法未必是正确的，并且要搜集证据来反驳。

以小圆同学为例：小圆可以尝试搜集证据来反驳自己之前的不合理想法。比如，"医生说我过几天就好了，我马上就能返回学校了，没有想象的那么糟""我学习能力还可以的，我返校后可以在老师的帮助下赶上来，我还有希望学好的"。

第三步：激发积极潜能

在坏事发生的时候，人们可以尝试找出乐观的、有效的方式来看待事情，并从中学会应对的方法，提升心理免疫力，激发积极的潜能。

以小圆同学为例：我可以每天通过微信或腾讯视频向老师、同学请教在家自学中碰到的问题。

（四）体悟与建议

1. 学生体悟

小圆：通过学习"ABCDE 模式"，我意识到了原本认为"自己一定考不上高中了"是消极的不合理想法。"在家学习感觉到效率低"这种状态也是暂时的。面对暂时的困境，我可以采用"乐观的解释风格"，养成乐观的情绪。乐观的人不会被困难击倒，而是把它们看成一种挑战，更努力地去克服。相信只要我在家努力调整自己的学习状态，做到科学、合理地安排自己的学习时间，劳逸结合，等我病情好了返校正常学习以后，就可以以更加坦然、自信的心态来迎接中考了。

同时，我也认识到我们不能对所有不好的事情都盲目、无条件地乐观。

我们要学会有弹性地乐观，增加对不利处境的控制感，把不利处境看成一种挑战，更努力地去克服它。

2. 给家长的建议

（1）乐观心态树榜样

孩子的解释风格受家长解释风格的影响，所以，家长要给孩子树立乐观的榜样。这样，家长给了孩子良好的示范，孩子耳濡目染，也就学会了像家长一样看待自己经历的负性事件。

（2）坦诚相告多鼓励

当孩子遇到挫折或过大压力时，家长应该鼓励孩子。但鼓励不是过度保护，一味隐瞒实情，营造一种"安全的假象"。家长应当帮助孩子客观分析当下的实际情况，与孩子一起面对。因为孩子总要学会独立，孩子只有经历了失败、沮丧，直面挫折、挑战直到成功，才能获得掌控感，建立起真正的乐观和自信。所以，家长面对此类情形，应该鼓励孩子勇敢地面对困难，让这段经历成为孩子直面未来的底气。

3. 给教师的建议

（1）肯定努力助成长

教师是学生成长道路上的引路人。教师的教育方式，特别是反馈方式，对学生的解释风格影响很大。教师的表扬，对学生的乐观解释风格的形成有重要作用。因此，教师在日常的过程中，对学生要持积极鼓励的态度，且应该多多肯定学生的努力。

（2）创设情境学乐观

教师还可以通过创设一些情境，如角色扮演、情景分析等，在模拟真实问题环境中，逐步改进学生的解释风格，使学生不仅能直观地理解什么是乐观的方法，更能学会使用乐观的解释风格来解决一些现实问题。

（五）拓展思考

1. 反驳专项练习

面对以下情景，有同学产生了一些悲观的看法，你可以举出一些例子来反驳他的消极想法吗？

（1）最近，妈妈常常骂你。

想法一：我不管做什么都是错的。

想法二：她一定不再爱我了。

想法三：我们以后再也不能和睦相处了。

（2）今天，我作业本忘记带了。老师问我是不是没有完成作业。

想法一：老师一定是十分讨厌我了。

想法二：我就是个坏学生。

想法三：没有人会相信我。

2. 你的日常生活中有没有遇到一些不好的事情，让你觉得很苦恼，产生了一些消极的想法？如果有的话，试着记录你的 ABC，并且想一想你的这些想法一定是对的吗？尝试反驳自己的消极想法，将反驳的话写在"反驳（D）"栏里。最后想一想，这件事有没有积极的一面，或者给你带来了什么积极的启发，写在"激发（E）"栏里。

不好的事（A）：＿＿＿＿＿＿＿＿＿＿＿＿＿＿＿＿＿＿＿

想法（B）：＿＿＿＿＿＿＿＿＿＿＿＿＿＿＿＿＿＿＿＿＿

后果（C）：＿＿＿＿＿＿＿＿＿＿＿＿＿＿＿＿＿＿＿＿＿

反驳（D）：＿＿＿＿＿＿＿＿＿＿＿＿＿＿＿＿＿＿＿＿＿

激发（E）：＿＿＿＿＿＿＿＿＿＿＿＿＿＿＿＿＿＿＿＿＿

（案例来源：朱仲敏.积极心理学视角下中小学生心理免疫力提升指南［M］.上海：上海教育出版社，2020.此案例由孙妮老师提供，选入时案例略有改动）

目前，对乐观的研究主要集中在两种取向上：第一种取向是气质性乐观，另一种取向是乐观解释风格。本章共分为三小节。第一部分主要介绍目前乐观研究的两种主要取向；第二部分主要向家长和教师介绍提升青少年乐观水平的方法；第三部分通过详细的案例来说明乐观辅导在学校和课堂中的具体操作方式，让教师能运用具体的方法来培育青少年乐观。

乐观被视为心理健康的一种保护因子，推广乐观教育可以帮助教师、家长去指导青少年如何正确看待生活中的大小不幸，杜绝悲观信念，走出心灵的阴霾，去发现另一片明亮的天空。

已有大量研究表明，乐观与人们的身心健康有着不可忽视的关系。青少年正处于青春期，不只生理快速成长，心理也产生极大变化，是各种心理素质形成的重要时期。因此，教育工作者可由此切入，通过特定的方法，培养和提高学生的乐观水平，进而提高其心理健康水平。

本章小结

本章系统阐述如何建构学生积极发展的第一大支柱即培育学生的积极情绪体验。第一节从积极情绪及其相关概念、积极情绪对身心健康的价值、学生积极情绪培育的必要性、学生积极情绪培育的实践路径等方面对积极情绪培育进行了概述。第二节从个体与过去的积极联结的角度，对感恩培育进行详实的阐述，包括感恩的理论分析、感恩的培育路径、提升感恩水平的实践案例。其中，埃蒙斯关于感恩内涵与作用的分析、塞利格曼等人关于感恩日志的撰写方法对感恩的培育很有启发。第三节从个体与现在的积极联结的角度，对心流的培育进行详实的阐述，包括心流的理论分析、在学校情境下培育青少年学习心流的路径、心流培育的实践案例。契克森米哈赖提出的心流形成的三大主要条件（感知到挑战和技能之间的平衡、清晰和接近的目标、即时和明确的反馈）以及厄特等学者提出的学习心流四个要素（认知控制，沉浸和时间转换，自我意识丧失，自成目的体验或自带目的性体验即把学习活动本身当成目的、活动本身能带来幸福感）对心流的培育很有启发。第四节、第五节从个体与未来的积极联结的角度，分别对希望和乐观的培育进行详实的阐述，每节都包括理论分析、提升路径、实践案例。其中，希望培育的关键在于引导学生树立适切的目标、激发学生的动力思维与路径思维；乐观培育的关键在于引导学生养成积极的解释风格。比如，在尊重事实的前提下，遇挫时多做外在、暂时、特定的归因，遇到成功多做内在、稳定、普遍的归因。积极情绪是幸福的种子与启动元素，是心理健康的晴雨表。积极情绪的种类很多，本章只重点阐述了 4 种积极情绪的培育。无论是哪种积极情绪的培育，在遵循规律的基础上付诸积极行动都非常重要。

第四章 培养学生的积极心理品质：学生积极发展的第二大支柱

积极心理品质来源于积极情绪、体验的长期积累，是相对稳定的心理品质。积极心理品质既是学生积极发展与幸福成长的基石，也是更高水平积极发展的结果。积极心理品质受先天与后天因素综合影响，具有较强的可塑性。积极心理品质是学生学业发展乃至全面发展的重要保障，是个体终身受用的财富。

第一节 幸福基石：积极心理品质概述

一、积极心理品质的重要理论依据

积极心理学关于美德与性格优势的理论是积极心理品质的重要理论依据。根据彼德森和塞利格曼 2004 年主编的《性格优势和美德：手册和分类》，六大美德与性格优势的构成及其简要说明如下：

表 4-1　六大美德与性格优势简介

美德	性格优势
智慧和知识： 导致知识的获取和使用的认知优势	1. 创造力【原创性、独创性】：想出新颖和富有成效的方法来构思和做事，包括艺术成就但不限于此 2. 好奇心【兴趣、寻求新事物、对经验的开放性】：对持续的经历本身感兴趣；发现引人入胜的主题和话题；探索和发现 3. 开放思维【判断、批判性思维】：仔细思考并全面审视事物；不妄下结论；能根据证据改变想法；公正地权衡所有证据 4. 好学：无论是通过业余自学还是正式学习，掌握新的技能、主题和知识体系；显然与好奇心有关，但超越了好奇心以描述系统地增加已知知识的倾向 5. 远见【智慧】：能为他人提供明智的建议；拥有对自己和他人都有意义的看待世界的方式

（续表）

美德	性格优势
勇气：指在面对外部或内部的反对时，运用意志来实现目标的情感优势	6. 勇敢【英勇】：不因威胁、挑战、困难或痛苦而退缩；即使有反对意见，也要为正义发声；即使不受欢迎，也要根据信念采取行动；包括身体上的勇敢，但并不局限于此 7. 坚持【毅力、勤奋】：完成由自己启动的事情；尽管有障碍，也要坚持行动；将任务完成；从完成任务中获得乐趣 8. 正直【真实性、诚实】：说真话，但更广泛地以真诚的方式呈现自己，并以真诚的方式行事；没有伪装；对自己的感受和行为负责 9. 活力【热心、热情、有生机、有精力】：充满激情和活力地面对生活；不半途而废或三心二意地做事；把生活当作一次冒险；感到充满活力和被激活
仁慈：涉及照顾和帮助他人的人际优势	10. 爱：重视与他人的亲密关系，特别是那些以分享和关怀为回应的关系；亲近他人 11. 善良【慷慨、照顾、关怀、同情、无私的爱、友善】：给人恩惠，做好事；帮助他们；照顾他们 12. 社会智力【情绪智力、个人智力】：觉察他人和自己的动机和感受；知道不同社交情境下适合做什么；知道做什么能激励他人
公正：构成健康的社会生活之基础的公民性优势	13. 公民精神【社会责任、忠诚、团队合作】：作为团体或团队中的一员很好地工作；对团体忠诚；尽自己的一份力量 14. 公平：根据公平和正义的观念，对所有人一视同仁；不因个人情感影响而对他人作出有偏见的决定；给每个人公平的机会 15. 领导力：激励自己为团队完成任务，同时保持团队内部良好的关系；组织团队活动并确保活动实施
节制：避免过度的优势	16. 宽恕和怜悯：宽恕那些做错事的人；接受他人的缺点；给人们第二次机会；不怀恨在心 17. 谦虚/稳重：对自己的成就不张扬；不出风头；不认为自己比实际上更特别 18. 审慎：对自己的选择保持谨慎；不冒过度的风险；不说或不做可能事后后悔的事情 19. 自我调节【自我控制】：调节自己的感受和行为；自律；控制自己的欲望和情绪
超越：与世界相联系并获得生命意义的优势	20. 对美和卓越的欣赏【敬畏、惊奇、高尚】：留意和欣赏生活中的各种领域（从自然、艺术、数学、科学到日常经验）中的美、卓越和娴熟表现 21. 感恩：觉察到并感谢发生的好事；花时间表达感谢 22. 希望【乐观、前瞻性、未来导向】：对未来抱有最好的期待，并努力实现它；相信美好的未来是可以实现的 23. 幽默【玩笑】：喜欢笑和逗乐；给别人带来欢笑；看到光明的一面；玩笑（不一定是讲笑话） 24. 精神信仰【虔敬、信仰、目的】：对宇宙的更高目的和意义有连贯的信念；知道自己在更大的系统中的位置；对生命的意义有信念，这些信念塑造行为并提供慰藉

　　在性格优势和美德的识别方面，可以利用优势行动价值问卷这一评估工具。该问卷是塞利格曼团队在"行动价值"项目中开发的成果之一，包括240道题目（每种性格优势包含10道题目），采用5级量表评分（1代表"一点也不像我"，5代表"非常像我"）。此外，彼得森和塞利格曼（2004）指出，每个人应该培养自己的标志性优势，而标志性的优势能帮助个体通往幸福之路。

　　判断一个优势是否为标志性优势，可以通过以下标准来判断：真实感及拥有感（这是真正的我）；当你展现你的某个优势时，你很兴奋，尤其是第一次；刚开始练习这个优势时，有快速上升的学习曲线；会不断学习新方法来加强你的优势；渴望有别的方法去展现自己的优势；在展现优势时有一种必然如此的感觉；运用这个优势时，会越用越情绪高昂，而不是越用越疲倦；个人追求的目标是围绕这个优势的；在运用这个优势时，你会感到欢乐、热情高涨甚至是狂喜（Seligman, 2002）。

　　每一种优势都需要合理平衡使用，过度或太少都可能会带来问题（如好奇心过度可能会导致好管闲事，好奇心太少会导致生活无聊；勇气过度会导致冒险或愚蠢，勇气不足会导致极度恐惧或懦弱）。此外，每一种优势还可以与其他优势整合或相互作用（如好学与坚持的结合，能促进个体有更好、更长久的学习成效），从而促进个体的积极发展。

　　提出具有普遍意义的性格优势和美德是非常具有挑战性的工作。对于彼得森和塞利格曼的性格优势和美德学说，也有相关学者进行了批判性的研究。段文杰等（2016）认为：性格优势和美德是源于"价值实践分类体系"同一架构中不同层次的概念。过去的研究表明，性格优势对个体的身心健康和幸福感有积极贡献。但目前该领域绝大多数研究着眼于性格优势，而忽略了该体系中更普遍、更核心的美德。美德的结构差异性可能阻碍了相关研究的进行和比较。兼顾文化共通性与文化特殊性方法可能是解决途径之一，通过引用已有研究进行佐证，发现亲和力、生命力和意志力可能是一个具有普遍意义的美德结构。

尽管学者在关于跨文化的、普遍意义的性格优势和美德分类上存在争议，但彼得森和塞利格曼领导的性格优势和美德分类研究工作还是具有开创性意义的，他们不再用一套描述人类的心理弱点和病理特征的语言来描述人类的缺陷（这项工作是《精神疾病诊断和统计手册》所重视的），提出了一些反映健康和美好生活的人类积极品质。这项工作其实突破了心理学的研究领域，涉及伦理学的研究，从各种哲学、宗教和文化传统中探索人类的美德和优势。

二、新时代教育方针指引下的积极心理品质培养的作用

2023 年 4 月，教育部等十七部门联合印发《全面加强和改进新时代学生心理健康工作专项行动计划（2023—2025 年）》。该文件的印发标志着学生心理健康工作上升为国家战略。该文件明确要求：以习近平新时代中国特色社会主义思想为指导，全面贯彻党的教育方针，坚持为党育人、为国育才，落实立德树人根本任务，坚持健康第一的教育理念，切实把心理健康工作摆在更加突出位置，统筹政策与制度、学科与人才、技术与环境，贯通大中小学各学段，贯穿学校、家庭、社会各方面，培育学生热爱生活、珍视生命、自尊自信、理性平和、乐观向上的心理品质和不懈奋斗、荣辱不惊、百折不挠的意志品质，促进学生思想道德素质、科学文化素质和身心健康素质协调发展，培养担当民族复兴大任的时代新人。"热爱生活、珍视生命、自尊自信、理性平和、乐观向上的心理品质和不懈奋斗、荣辱不惊、百折不挠的意志品质"都属于积极心理品质的范畴，是针对当前学生发展需要提出的，具有很强的实践针对性与政策指导性，也具有我国的特点。由此可见，积极心理品质已进入国家学生心理健康工作政策的视野。

同时，该文件的"主要任务"的第一条就明确要求"五育并举促进心理健康"，包括：以德育心，以智慧心，以体强心，以美润心，以劳健心。积极心理品质培养可成为将五育与心育融合的重要目标之一。比如，就德育与心育的融合而言，一方面，如何坚持育人导向、厚植家国情怀、激发成长

动力、培育积极乐观的人生态度和坚韧不拔的意志品质已成为中国特色的心理健康教育理论与实践话题；另一方面，道德教育应强化人文关怀与心理疏导，倡导育人先育心，运用心理学的理论与技术提高道德教育的吸引力与感染力、针对性与实效性，从而使道德教育真正内化于心、外化于行（朱仲敏，2023）。

从上面的分析来看，积极心理品质是个体素质结构中非常重要的组成部分。积极心理品质的培养是德育与心育的交汇点，能推动德育与心育的融合，为人才培养奠定心理素质基础。当前学生的发展涵盖理想、心理、生活、学业、职业等多个领域，积极心理品质的培养是基础性的工作，能为学生学业发展乃至生涯发展提供心理资源支持与保障。

第二节　心理弹性：积极心理品质的培养重点

在探讨逆境与危机对儿童青少年发展影响的研究领域中，心理弹性及其相关理论逐渐成为焦点。自 20 世纪 70 年代起，心理弹性研究从发展精神病理学和心理学的角度出发，为理解和应对儿童青少年面临的逆境提供了新的视角，并为教育工作者提供了促进儿童青少年健康成长的思路与方法。特别是随着 21 世纪初积极心理学研究的兴起，心理弹性已成为青少年发展研究的热点领域，对促进儿童青少年发展具有重要的指导意义。作为最具综合性的心理资本与心理资源，心理弹性的开发已成为积极心理品质培养的核心内容。

塞利格曼把心理弹性视为一种积极的特质（Seligman, 2002）。心理弹性具有类状态特征，介于状态与特质之间，具有较强的可塑性和开发潜力，并拥有坚实的理论基础、可靠的测量工具以及丰富的实证研究支持。对于需要心理援助的个体而言，即使外部支持充足，若其内在心理资源未被激活与开发，个体仍难以实现积极转变。资源取向的心理辅导强调个体内在资源的重要性，是对问题取向心理辅导的有益补充。开发个体内在心理资源是解决问题的根本途径，而心理弹性正是其中至关重要的心理资源。

海明威在《老人与海》中曾说："生活总是让我们受伤，但后来，受伤的地方会变成我们最强壮的部分。"人生的道路上总是充满酸甜苦辣，面对压力与挫折，有人心生抱怨，有人则将其视为成长的机会。这种态度差异的背后，正是心理弹性的作用。心理弹性作为心理资本的重要维度，具有可开发性，能增强个体的心理能量。它既不像人格特质那样难以改变，也不属于短暂现象，而是可以通过训练、发展和测量来提升。心理弹性表现为个体在逆境或困境中能坚持不懈、迅速恢复并取得成功（Luthans et al., 2007）。

儿童青少年正处于人生发展的关键期，成长过程中难免遇到各种困惑与挑战。能否在逆境中坚持不动摇、不放弃，对其成长与自我实现具有深远影响。心理弹性并非天才独有，而是每个人都具备的潜能，因此可以通过多种途径加以培养。那么，什么是心理弹性？如何培养儿童青少年的心理弹性？又该如何在学校中落实心理弹性教育？这些问题正是本节探讨的核心。

本节首先阐述心理弹性的内涵、起源与发展，并介绍相关测量工具；其次，重点分析儿童青少年心理弹性的作用机制和培养途径，强调从保护性因素入手开展心理弹性培养；最后，通过具体案例详细说明如何在学校里有效培育儿童青少年的心理弹性。

一、心理弹性的理论基础

（一）心理弹性的内涵

著名哲学家尼采在《偶像的黄昏》中曾说："但凡不能杀死你的，最终都会使你更加强大。"这一深刻的名言蕴含了心理弹性的核心思想。半个多世纪后，儿童精神病学家和心理学家正式开启了心理弹性的科学研究，使其成为一个系统的学术领域。

　　随着心理弹性研究经历四次发展的浪潮，学者提出了多种定义，至今仍呈现百家争鸣的局面。这种多元化的定义不仅为心理弹性研究提供了广阔的空间，也揭示了心理弹性现象的复杂性。因此，需要在多种概念、理论和方法的整合中不断寻求共识，以深化对这一现象的理解。心理弹性是一个多维的概念，涉及调节因素（如积极的同伴关系等）和中介因素（如能力和期望等）。研究人员认为，心理弹性可能表现为一系列特征、一个结果或者一个动态的过程（Ahern, 2006）。从本质上说，心理弹性反映了个体特征与环境之间的相互作用，而环境因素又深刻影响个体应对压力与逆境的能力。因此，心理弹性的定义多种多样，或侧重特征（能力性定义），或侧重过程（过程性定义），或侧重结果（结果性定义），或侧重对各种要素的整合（综合性定义）。越来越多的研究者认为，心理弹性是人类适应系统的正常功能，其核心在于个体在压力或逆境下的积极适应。尽管定义各异，但它们共同为我们全面理解心理弹性奠定了坚实的理论基础。

1. 能力性定义

　　早期的研究者非常关注哪些儿童更有心理弹性，并试图发现心理弹性强的儿童具有的特征或能力。这种研究思路在心理弹性研究中被很多研究者所采用，至今也是一种研究的取向，即侧重以被试为中心的研究取向。

　　萨梅罗夫和罗森布拉姆（2010）甚至认为，心理弹性的规范性定义可能不会出现，但它的成分已经被确定，包括随机应变、智力和心理健康。他们认为随机应变几乎是心理弹性的同义词，随机应变的成分是解决问题的能力、复原的能力、从错误中学习的能力。智力的定义已经扩大到有效适应环境、从经验中学习和通过思考克服障碍等要素。现代心理健康的概念包括对变化情境的日常适应，心理疾病则与之相反，心理疾病是缺乏日常适应。心理疾病是心理弹性的对立面，因为在存在心理疾病的情况下，行为不会随情境而改变，对情感、行为和认知的调节很差。戴维森（2000）认为，心理弹性是面对重大的逆境时有高水平的积极情感和幸福感，但并不是说有心理弹性的人永远不会体验消极情感，而是说消极情感不能持续。

上述学者都通过各自的研究提出了心理弹性儿童所具有的认知、情感或能力特征，对于我们理解心理弹性现象很有启发。值得反思的是，心理弹性并不是一成不变的静态特征或者固定的能力。同时，心理弹性也不是少部分儿童独有的特征，马斯滕（2001）特别指出，心理弹性实际上是相当普遍的，而不是像早期研究人员提出的不寻常，心理弹性是正常应对技能的一个基本特征。

2. 过程性定义

相比能力性定义，过程性定义的不同体现在三大方面：一是强调心理弹性是一个动态的发展过程，鲁特（1993）认为，心理弹性的本质就是发展性的，不是一成不变的特质；二是在心理弹性的定义中引入了情境变量，比如把心理弹性理解为个体与环境交互作用的过程，或者个体和情境的风险因素与保护因素交互作用的过程；三是从个体水平研究心理弹性提升到从个体所处系统的水平来研究心理弹性。如马斯滕（2014）认为，弹性可以广义地定义为动态系统对威胁到系统功能、生存或发展的干扰的成功适应，她认为，如果系统是完整的，即使有挑战，儿童也应该适当地发展。还有学者提出了家庭心理弹性、社区心理弹性（Norris et al., 2008; Ungar & Hadfield, 2019），他们认为个体是以系统的心理弹性来对抗风险的。

这种将心理弹性转向为一种动态、系统的定义，基本上受到了发展的系统理论的影响。当前世界上顶尖的心理弹性研究专家之一、加拿大达尔豪西大学教授安戈尔在 2012 年主编了《心理弹性的社会生态学：研究者理论与实践手册》，提出了心理弹性的社会生态模型，特别重视心理弹性的文化与情境差异。他强调要以文化上有意义的方式解释与适应相关的过程和结果，他认为，心理弹性的定义应突出两个关键词：导航和协商，心理弹性就是体现在如何导航到维护健康的资源和为了以有意义的方式提供资源而协商。安戈尔（2011）认为，要对心理弹性作出生态学解释，应基于以下四个原则：去中心化、复杂性、非典型性和文化相对性。在高逆境水平下，环境的改变比个体的改变对积极适应而言更重要。著名的成人心理弹性研究学者、美国亚利桑那州大学佐特拉在 2014 年出版的《心理弹性手册：压力和创伤的应对方法》中专门写了一篇题为"心理弹性终究具有社会性"的文章，他认为，面对创伤，人们往往表现出相当大的适应能力，他们不仅通过内在力量来适应，而且通过社会关系来适应。

心理弹性的这种动态过程、系统视角的定义，更接近心理弹性的本质，是理论上的创新，对心理弹性的干预也很有启发。但是，如何对这种动态过程或者系统的心理弹性给出操作定义，进而进行科学测量，是心理弹性研究目前仍没有很好解决的问题。

3. 结果性定义

心理弹性的结果一般表现为积极适应。但不同研究关于积极适应的结果性指标存在差异。萨梅罗夫和罗森布拉姆（2010）在有关心理弹性发展的研究中采用的结果性指标是心理健康水平、学业成绩。博南诺等（2010）在有关丧失和潜在创伤的心理弹性研究中强调了结果的异质性，他们认为潜在创伤事件（是指符合《精神障碍诊断和统计手册》创伤后应激障碍诊断标准的心理创伤事件，如丧亲）后的结果有多种，包括心理弹性、逐渐恢复、长期痛苦、延迟的痛苦增长。博南诺（2004）在《美国心理学家》杂志上发表了论文《丧失、创伤和人类的心理弹性：我们是否低估了人类在极端负性事件后的成长能力？》，该文对潜在创伤事件后典型的适应轨迹进行了总结，并用图展现了四个最常见的轨迹及其发生率，如图 4-1 所示。心理弹性（发生率大概是 35%—65%）的特点是短暂的症状、最小的损伤和即使在潜在创伤事件后不久仍能保持健康功能的相对稳定的发展轨迹。恢复（发生率大概是 15%—25%）的特征是潜在创伤事件后症状增多，部分功能受损，随后逐渐恢复正常功能。长期痛苦（发生率大概是 5%—30%）的特点是在潜在创伤事件后症状急剧增加，而且症状可能会持续数年；延迟性痛苦（发生率大概是 0—15%）的特征是潜在创伤事件后不久出现中度至重度的症状，并随着时间的推移逐渐恶化。从发生率来看，潜在创伤事件最常见的结果是健康功能或心理弹性的稳定轨迹。2013 年博南诺和迪米尼奇又对其中的心理弹性结果作了区分，讨论了两种心理弹性结果，即用"自然发生的心理弹性"（测

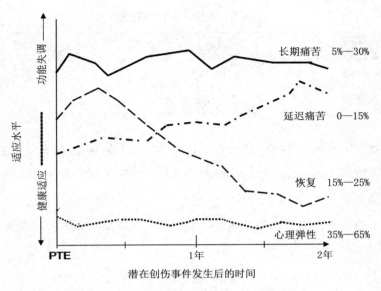

图 4-1　潜在创伤事件后典型的适应轨迹

量到的应对长期压力和负性环境的积极适应，只有在压力减轻后，才能观察到这种弹性）和"最小冲击心理弹性"（对孤立和急性压力源或潜在创伤性事件的积极适应，是在暴露于应激事件之前后所测得的一个相对稳定的持续健康适应轨迹）这两个术语来表示积极适应的轨迹。

　　弗格斯和齐默尔曼（2005）对四种青少年人群的描述，把风险状况分为两类，把发展结果分为两类，从而把青少年分为四类人群（见表 4-2）。其中心理弹性理论适用于高风险下有积极发展结果（高风险下高能力的发展结果）的 B 类人群。其他三种类型的青少年分别是：A 类人群，在低风险下有积极的发展结果，是属于正常发展的青少年，也可以称之为有能力（低风险下高能力的发展结果）的青少年。C 类人群，在低风险下仍有消极的发展结果，可能是对风险评估不足，可能是低能力，可称之为低能力（低风险下低能力的发展结果）的青少年。D 类人群，在高风险下有消极的发展结果，显示出对风险的适应不良，可称之为适应不良（高风险下低能力的发展结果）的青少年。

表 4-2　青少年人群的描述

	低风险	高风险
积极结果	A（正常发展）	B（心理弹性）
消极结果	C（风险评估不足）	D（风险模式）

需要指出的是，心理弹性结果不是病理学或者非病理学的二元区分，而是一个连续体（Bonanno & Diminich, 2013）。所以把青少年进行简单的归类是不合适的。同时，越来越多的研究者认同一点，那就是积极适应只是结果，并不能完全等同于心理弹性，与风险对抗的过程才能体现心理弹性。

4. 综合性定义

由于心理弹性现象具有高度的复杂性，所以心理弹性研究中也出现了综合性的定义。比如，马斯滕等（1990）就认为，心理弹性包括高风险儿童的良好结果、压力下儿童的可持续发展的能力，以及创伤后的恢复。这种对心理弹性的解读就是一种综合性的，与前面所述的结果性定义、能力性定义和过程性定义都有所重叠。佐特拉和赖希（2010）认为，三个特征主导了心理弹性的科学话语：恢复、可持续发展、成长。他的观点与马斯滕的高度相似。博南诺（2004）指出对负性童年环境下的心理弹性是遗传（如先天倾向）、个人（与家庭互动的情况）和环境（例如社区支持系统）的风险和保护因素累积、交互的混合物。安戈尔（2011）提出了四个原则作为对心理弹性结构生态解释的基础：去中心化、复杂性、非典型性和文化相关性，这也体现了心理弹性的高度复杂性。总之，心理弹性不是仅仅存在于个体内部的，或者静态的特征，而是随各类情境因素的变化而动态变化的。有学者主张，心理弹性应由情境、人群、风险、促进因素和结果来综合定义（Fergus & Zimmerman, 2005）。目前的研究表明，心理弹性在不同的情境、人群、风险与促进因素、结果中，其过程与表现是存在差异的。这种综合性定义的取向给心理弹性带来了巨大的挑战，正因为概念太复杂，而测量工具又要有很强的操作性，不可能无所不包，所以综合性定义背景下的心理弹性研究往往会造成概念内涵与所测量的对象不一致。正因为心理弹性是一个复杂的概念，接受心理弹性的具体领域的定义并深入探讨（如探讨什么是情绪弹性）可能是推进心理弹性研究的一种思路。

（二）心理弹性研究的代表人物

心理弹性作为一个跨学科概念，最早在物理学、生态学和医学中被提出，随后在心理学领域得到了深入研究和广泛应用。心理学中的心理弹性也被译为"韧性"或"心理韧性"，尤其是在中国文化背景下，这一概念更强调个体在压力和逆境中表现出的坚韧与不屈（于肖楠、张建新，2005）。尽管心理弹性的定义多样，但其核心内涵始终围绕两点：第一，个体经历了压力或逆境；第二，个体仍能积极适应（Luthar et al., 2000）。简言之，心理弹性的核心在于个体在压力或逆境下的积极适应能力。

心理弹性的科学研究可以追溯到 20 世纪中期，尤其是沃纳从 1955 年开始的对夏威夷考艾岛 600 多名儿童的 32 年追踪研究。这一研究为心理弹性领域奠定了坚实的基础。从学术史来看，心理弹性研究的真正兴起离不开三位先驱科学家的贡献：加梅齐、沃纳和鲁特。他们的研究不仅揭示了心理弹性的现象，还探讨了其背后的风险因素与保护机制，推动了心理弹性研究从个体视角向系统视角的转变。

1. 加梅齐：风险与心理弹性的开创性研究

加梅齐（Norman Garmezy, 1918—2009）是明尼苏达大学的发展心理学家，被誉为心理弹性研究的先驱与拓荒者。他在二战期间曾在美国步兵部队服役，这段经历使他对战争、灾难带来的创伤与逆境有了深刻的理解。加梅齐的研究聚焦于人类发展中的风险与心理弹性，尤其是儿童在逆境中的适应能力。

加梅齐及其团队在 1984 年进行了一项开创性研究，研究对象为约 200 名来自美国城市环境的儿童，这些儿童大多有先天性心脏缺陷或其他身体残疾。研究通过考查学业成绩、课堂行为和人际能力等社会能力指标，提出了抵抗压力的"三模型"方法：补偿、挑战和保护因子模型。这一模型为后来的心理弹性研究提供了重要的理论框架。

加梅齐的学生马斯滕继承并发展了他的研究。马斯滕（2001）指出，心理弹性并非少数人的特殊能力，而是人类适应系统的正常功能。她的研究进一步强调了心理弹性的行为——心理社会和神经生物学特征，并论证了所有儿童都具备心理弹性，关键在于提供基本的鼓励和机会。此外，加梅齐的另一位学生西切蒂则从发展精神病理学的角度为心理弹性研究提供了新的学科视野，强调了对适应不良行为和过程的研究。

2. 沃纳：处境不利儿童的追踪研究

沃纳是加州大学戴维斯分校的教授，以其对夏威夷考艾岛 698 名儿童的 32 年追踪研究而闻名。这项研究是心理弹性领域的里程碑，研究对象自出生起便被追踪至 32 岁，涵盖了围产期、1 岁、2 岁、10 岁、18 岁和 32 岁六个关键阶段。

沃纳的研究发现，尽管 201 名儿童在早期面临大量的生物和心理社会风险因素（如早产、母亲患有精神病等），其中仍有 72 名儿童（占比 35.8%）能克服逆境，发展成为具备社会学意义上能干的成年人。这些儿童被命名为"心理弹性儿童"，他们的成功适应得益于一系列保护因素，如与非父母的照料者（如亲戚、老师）的紧密联结，以及对社区组织活动的积极参与。

沃纳的研究不仅揭示了心理弹性的现象，还为后续研究提供了重要的实证依据，强调了保护因素在个体发展中的关键作用。

3. 鲁特：儿童心理弹性的保护机制研究

鲁特是英国伦敦国王学院精神病研究所的教授，被誉为 20 世纪最杰出的心理学家之一。他的研究领域广泛，涵盖儿童精神病学、保护性因素与风险因素的交互作用等。

鲁特从 1964 年开始对怀特岛儿童进行了一系列流行病学研究，研究对象经历了父母婚姻冲突、社会经济地位低下、家庭规模过大等多种压力源。鲁特发现，单个压力源对儿童的影响有限，但多个压力源的组合会显著削弱儿童的积极发展。他进一步提出了心理弹性的保护机制，包括降低风险影响、减少负面连锁反应、建立和维持自尊与自我效能等。鲁特的研究强调了依恋关系和成功完成任务体验在提升心理弹性中的重要性。

4. 对心理弹性研究的贡献

首先，加梅齐、沃纳和鲁特的研究都揭示了儿童心理弹性的现象；其次，他们都探讨了引发心理弹性的风险因素与保护因素；最后，他们的研究逐渐从个体视角转向系统视角，强调亲子关系、社会支持和社区环境等系统因素的作用。他们的研究为心理弹性领域奠定了坚实的基础，他们不仅推动了心理学理论的发展，也为教育、社会工作、精神病学等领域的实践提供了重要的指导。

（三）心理弹性研究的演进：四次浪潮的回顾与展望

1. 个体特征研究的初探（20世纪70年代）

心理弹性研究的首次浪潮始于20世纪70年代，由致力于理解和预防精神病理学发展的科学家引领（Masten, 2011; Masten & Obradovic, 2006）。这一阶段的研究重点在于识别在逆境中仍能良好发展的儿童，并探讨他们在面对诸如围产期并发症、贫困、父母精神疾病或家庭不和等风险因素时的适应差异。这一时期的贡献在于初步描绘了心理弹性现象，并奠定了相关概念和方法的基础。

2. 动态过程研究的深化（20世纪80年代）

进入20世纪80年代，心理弹性研究转向了对保护性因素和调节系统的探索（Masten & Obradovic, 2006）。这一阶段的研究着重于理解个体与环境的交互作用，以及这些交互如何促进积极适应。研究者采用了发展的视角，深入探讨了在逆境中个体如何通过与多种系统（如家庭、学校、社区）的互动来发展心理弹性。

3. 干预研究的兴起（20世纪90年代）

20世纪90年代，随着对逆境中儿童健康问题的关注增加，心理弹性研究进入了干预研究阶段。这一时期的焦点在于通过预防、干预和政策手段来提升儿童的适应能力，为心理弹性的实践提供科学依据和操作路径。研究者致力于通过改变发展轨迹的干预措施来培养心理弹性。

4. 多水平整合分析的新纪元（21世纪初至今）

自21世纪初以来，心理弹性研究进入了第四次浪潮，这一阶段强调对过去理论和数据的整合，采用多水平分析和跨学科的研究方法。研究者不仅关注个体与家庭、学校、社区等系统的相互作用，还深入探讨了心理弹性的表观遗传学和神经生物学基础（Zolkoski et al., 2012）。此外，心理弹性与神经科学的关系成为研究热点，特别是神经可塑性、神经垂体系统以及基因-环境相互作用在心理弹性中的作用。

总的来看，心理弹性研究的四次浪潮揭示了从个体特征到动态过程，再到干预实践和多水平整合分析的演进路径。尽管这些研究领域已取得显著进展，但仍需进一步深入和系统化地探索，以全面理解心理弹性的复杂机制，并为实践提供更有效的指导。未来的研究将继续在神经生物学、遗传学、环境科学等多学科的交叉点上，推动心理弹性理论的深化和应用的发展。通过这四次研究浪潮，心理弹性研究不仅增进了我们对人类适应能力的理解，也为促进个体和社会的健康发展提供了宝贵的科学依据。

（四）心理弹性的测量工具

博南诺（2014）在一次关于心理弹性的跨学科对话中认为，对于研究而言，概念要有经验数据的支撑，要有操作定义、测量工具（Southwick et al., 2014）。随着心理弹性研究的深入，心理弹性的很多测量工具被开发出来。在此作个简单的梳理与分析。

1. 心理弹性量表

瓦格尼尔德和杨1987年开发的心理弹性量表，采用7级评分，由两个维度构成，分别是个人能力、对自我和生活的接受，总共25题，量表的最初题目来源于对24名在重大生活事件后适应良好的妇女的质性研究，最初主要应用于成人（包括老年人），测量个体应对困难生活事件的内在资源和积极功能，题目举例："我有足够的精力来做我不得不做的事情""我的生活具有意义"等。瓦格尼尔德等人在后来再编了一个 14 个项目版本的心理弹性量表。埃亨等（2006）在一篇心理弹性测量工具的综述中，评价了 6 个量表，分别是：BPFI（Baruth Protective Factors Inventory）、BRCS（Brief-Resilient Coping Scale）、ARS（Adolescent Resilience Scale）、CD-RISC（Connor-Davidson Resilience Scale）、RSA（Resilience Scale for Adults）以及 RS（Resilience Scale）。该研究认为 RS 在这 6 个量表中的心理测量学属性最好，而且可应用于各种年龄的群体，包括青少年。

该量表没有很权威的理论依据。从最初的带有哲学意味的五个维度（冷静、毅力、自立、有意义、存在性独立）归为最后的两个维度，看不出其中的理论依据。

2. 自我心理弹性量表

布洛克和克雷门 1989 年开发的单一维度的自我心理弹性量表，采用 4 点评分，有"我愿意把自己描述成一个有相当坚强人格的人""我很快就平息了对某人的愤怒"等 14 题。这个量表是把心理弹性作为一种人格特质来测量的，主要用于成年人。布洛克等人认为，由于受到富有冲击性的心理压力的影响，自我心理弹性意味着在暂时的、令人紧张的影响不再那么强烈的存在后，个体能作出改变，并返回到个体自我控制的特征水平，"心理弹性"的概念意味着一个人的一种一般的、特征性的素质，而不仅仅适用于非常具体的一次性行为。该量表在西方心理弹性研究中用得较多，在我国应用相对较少。

3. 康纳-戴维森心理弹性量表

CD-RISC 是康纳和戴维森 2003 年开发的心理弹性量表，共 25 题，包括五个因素，分别是：个人能力、高标准、坚韧；相信自己的直觉，容忍负面情绪，强化压力的影响；积极接受变化和安全关系；控制；精神影响。题目举例："把自己看成坚强的人""能适应变化""当事情看起来毫无希望时，我不会放弃""无论怎样都尽力而为"等。这是一个为临床实践开发的量表，应用对象主要是成年人，主要测量压力应对能力，该量表已用于评估人们对药物干预的反应。坎贝尔-西尔斯和斯坦（2007）基于 CD-RISC25 项目的版本，开发了一个 10 个项目的版本，该简版的 CD-RISC 也是用于压力应对能力测量的临床实践。

于肖楠、张建新（2007）对自我心理弹性量表和康纳-戴维森心理弹性量表（CD-RISC）作了应用比较研究，认为在我国人群的应用中，康纳-戴维森心理弹性量表的心理测量学属性优于自我心理弹性量表。

尽管该量表是心理测量评估中得分较高的量表之一，并已应用于干预，但它仅是一个测量个体心理弹性水平的量表，还需要更多的理论支撑（Windle et al., 2011）。

4. 青少年心理弹性量表

大盐等人 2003 年公开发表了一个专门针对青少年的心理弹性量表，该量表采用 5 级评分，包括寻求新奇、情绪调节、积极的未来导向三个维度，题目举例：我寻求新的挑战；我可以在艰难的环境中保持冷静；我相信将来会有好事发生。

该量表由日本学者研制，在英文论文中比较少见应用。可能存在的问题是：研究结果仅可推广到日本青少年（Ahern et al., 2006）。

5. 简明心理弹性量表

史密斯 2008 年开发了聚焦心理弹性概念本身的一个量表，主要用于成年人，总共只有 6 道题，这是公开发表的心理弹性量表中题目最少的一个量表，题目举例：困难时期过后，我往往会很快重整旗鼓；我很难度过压力事件；我很快就从压力事件中恢复过来；当一些不好的事情发生时，我很难恢复过来；我通常能轻松渡过难关；在我的生活中，我往往要花很长时间才能战胜挫折。其中 2、4、6 道题为反向计分题目。

开发者注意到，大多数心理弹性量表专注于检测可能促进心理弹性结果的资源或保护性因素。而该量表特地聚焦于从压力中反弹回来。该量表在一项心理弹性量表的综述中曾被评价为最高等第得分的量表（Windle et al., 2011）。

6. 儿童和青年心理弹性量表

安戈尔等人 2008 年开发的儿童和青年心理弹性量表，采用 5 级评分，有 28 道题，分为四个维度，分别为个人属性和发展资产（9 题，如"我意识到自己的优势"），家庭支持（7 题，如"我的照料者在困难时期站在我旁边"），学校支持（3 题，如"我觉得我属于我的学校"），社区支持（9 题，如"我在我的社区受到公平对待"）。利本贝格和安戈尔等在 2013 年又开发了 12 个项目的简版儿童与青年心理弹性量表。

安戈尔等人旨在开发一个与文化和情境相关的儿童和青年心理弹性量表。这是这个量表不同于其他所有心理弹性量表的独特之处。他们使用自己的定义来强调弹性是个体和可获得资源之间的动态相互作用。这种相互作用涉及个人、家庭和社区之间的导航和协商过程。他们注意到在不同的文化和情境中确定一个标准的"心理弹性量表"有一些困难。该项目组为开发该量表投入了大量工作，在 11 个国家开展了研究。开发者似乎还没有提出进一步的应用和验证该量表的新结论（Windle et al., 2011）。

7. 儿童心理弹性临床诊断量表

安戈尔 2015 年在《儿童心理学和精神病学杂志》上发表了题为《临床工作者评论：儿童心理弹性的诊断——一种诊断在负性社会和物理生态中适应的系统方法》的文章。他在这篇文章中首次系统论述了儿童心理弹性的临床评估方法。该方法是一种多维的心理弹性评估方法。第一，检查逆境体验的严重性、长期性、生态水平、儿童因果关系的归因、文化和情境相关性。第二，与心理弹性相关的促进性和保护性因素，通过儿童的敏感性进行评估。这种敏感性是指促进性和保护性因素对儿童发展结果影响的差异性——这种差异基于儿童所经历的逆境水平而有所不同。这些因素包括像气质、人格和认知这样的个体素质，也包括以下与积极功能相关的情境维度：资源的可获得性和便利性、对资源的富有策略的使用、被儿童的重要他人的积极强化、环境本身的适应能力。第三，弹性评估包括时间和文化因素，这些因素会增加或减少保护因素的影响。同时，他还提出了一个诊断心理弹性的决策树，决策树包括五个阶段：评估对逆境的暴露，评估促进和保护因素/过程的不同影响，评估环境提供资源的能力，评估应对策略是适应的或者适应不良的、是否被体验到和（或）被感知到，评估关于促进和保护过程的情境和文化因素。利用决策树，安戈尔对一名15岁的男孩进行了个案研究和诊断，该男孩因遇到一些心理健康的挑战而需要接受治疗。心理弹性的诊断标准及其在临床实践中的应用表证明了系统方法在了解儿童群体心理弹性方面的潜在效用。

该量表和决策树突出了对心理弹性的文化与情境因素的评估。但如何在临床中深入地应用，以及是否真正具有跨文化的适用性，还需进一步的研究。

8. 国内学者开发或修订的相关心理弹性量表

陈建文和黄希庭（2004）在开放式调查和分析的基础上编制了中学生社会适应性量表，其中的一个分量表即心理弹性，分为自控性、灵活性、挑战性和乐观倾向四个成分。该分量表共20题。

于肖楠等人（2007）翻译修订了中文版的 CD-RISC。中文版 CD-RISC 有三因素结构，即坚韧、自强、乐观，共25题。

胡月琴、甘怡群（2008）基于心理弹性的过程模型，通过访谈法开发了青少年心理弹性量表。该量表有27个题目，包含目标专注、情绪控制、积极认知、家庭支持和人际协助五个因子。甘媛源、余嘉元（2011）对该量表作了概化理论研究，认为无论是从各个因子的角度还是从总量表的角度而言，该量表具有优良的量表特性，值得推广应用。

李海垒、张文新、张金宝（2008）修订的青少年心理弹性量表的中文版，涉及教师关怀、亲戚关怀、家庭平等与自主、社会能力、自我觉察、学校社会积极参与、同伴高期望值、同伴亲密关系、问题解决与自我效能、家庭高期望值、目标与志向等11个因子，共51题。

由于不同量表的开发者对心理弹性和潜在机制的概念的约定不一样，因此无法指望任何量表具有普适性（Davydov et al., 2010）。从上面对有代表性的心理弹性量表的分析来看，我们可以看到以下趋势：一是从纯粹评估个体水平的心理弹性到将个体所处的系统也纳入评估的范畴；二是不同量表所依据的心理弹性的操作定义不尽相同，从而量表的维度也各有不同；三是每个量表都不是适合所有群体的，有其适用的对象与文化背景；四是没有一个放之四海而皆准的心理弹性量表，对于不同的心理弹性领域，需开发相应的量表，如情绪弹性的量表等。

（五）心理弹性的基本共识及其对青少年发展的启示

朱仲敏、方建华（2021）专题研究了心理弹性取得的基本共识及其对青少年发展的启示。一般而言，心理弹性指个体即使遇到了压力或逆境也能积极适应的现象。心理弹性研究历经了四次浪潮，其研究重点分别是描述个体的心理弹性特征、探讨心理弹性发生的动态过程、开展心理弹性的干预研究、开展心理弹性的多水平整合研究。马斯滕总结了不同时期的研究者都反复提及的心理弹性相关因素（见表4-3）。

表 4-3　儿童个体和家庭系统视角下的心理弹性相关因素

个体心理弹性的相关因素	家庭心理弹性的相关因素
养育方式，体贴的照料	养育方式，对弱势成员的保护性照料
依恋关系，情绪安全感，归属感 为孩子量身定制的富有技巧的父母管教	家庭亲密度，归属感 保持界限，家庭完整性，家庭权威，规则
主观能动性，适应的动机	主动应对，掌控能力
问题解决能力，计划能力，执行功能	合作解决问题，家庭灵活性
自我调节，情绪调节	共同调节，平衡家庭需求，情绪调节
希望，信仰，乐观	希望，信仰，乐观，积极的前景
意义建构，相信生活有意义	凝聚力，家庭意义建构，共同的价值观，家庭目的
对自我的积极看法或自我认同	对家庭的积极看法，对家庭的认同
常规和仪式	家庭常规和仪式，家庭角色分工

1. 心理弹性的基本共识

结合表中所列举的因素以及相关研究，总结心理弹性研究形成的三个基本共识与趋势。

（1）心理弹性不是少数儿童的专利

马斯滕在《美国心理学家》杂志上发表过一篇很有影响的文章，阐明了心理弹性并不是少部分人的特殊能力，而是人类适应系统的正常功能。她认为，所有儿童都具有一定的心理弹性。个体都有可能通过自身努力或环境影响，形成一些与心理弹性相关的个人或关系特征。个人特征可能随年龄而变化，但通常包括问题解决能力、自我调节能力、希望、信仰、适应的动机和发现生活的意义等。关系特征包括安全的依恋关系，这种关系起初是与可靠的照顾者的关系，后来拓展到与家人、教师和亲密伙伴的关系。

（2）心理弹性的影响因素众多且相互之间的关系复杂

心理弹性的影响因素包括一系列保护因素与促进因素。保护因素是与风险因素相对抗的因素，所起的作用是缓解风险因素带来的负面影响。保护因素只有在风险因素出现时才发挥作用，如遇到负性情绪刺激时所激发出的情绪调节能力。心理弹性研究除了揭示保护因素，还研究促进因素，如良好的父母教养方式。促进因素指不管风险程度如何，都利于积极发展结果的达成。但是，保护因素、促进因素并不容易被截然区分，保护因素有时也表现出促进作用，促进因素有时也起到保护作用。

（3）逐渐从个体的角度演变为从系统的角度研究儿童心理弹性的发展

卢塔尔等人在回顾儿童心理弹性研究的历史时总结了一个重要的结论：心理弹性从根本上取决于人际关系，心理弹性具有社会性。同时，他们指出："就我们的科学如何最有益于人类而言，认识到关系的根本重要性已经促使心理弹性研究者在改善个人力量的任何努力中都强调对近端环境的关注。"其中，家庭、学校对个体心理弹性发展而言就是非常重要的近端环境，家庭系统、学校系统都是影响儿童心理弹性的重要因素。家庭系统的要素包括与父母的亲密关系、权威的养育方式、量身定制的富有技巧的父母管教、家庭常规和仪式等；学校系统的要素包括学习的机会、在学习中的掌控体验等。

2. 心理弹性研究对青少年发展的启示

青少年处于发展的暴风骤雨期，由于生理与心理发展的不平衡、情绪与认知发展的不同步、压力源增加（如进入中学阶段，要应对更大的学业与考试压力，面临更多的同伴互动和社交等），可能促使青少年遭遇各种风险和危机。主要表现为：社会转型时期，家长竞争焦虑、生养分离、不恰当的教养行为等情形时有发生，电子产品、网络的过度使用，构成了孩子成长的风险因素；个别学生在长期缺乏心理关爱与帮扶的环境中，消极情绪不断累积，最终导致抑郁；校园欺凌现象使个别学生对学校充满恐惧；由于亲子冲突、学业压力或情绪困扰等引发的心理失衡，极个别学生选择放弃自己的生命等。由此看来，青少年在发展过程中可能面临一些逆境、挫折等负面情境，如何面对和处理这些负面情境，决定着青少年的心理健康水平，影响着青少年的发展。在这方面，心理弹性理论对促进青少年发展具有重要的启示。

（1）积极主动地应对青少年发展中的风险

青少年生活在开放的环境中，在享受生活的愉快和生命的乐趣的同时，可能会暴露在一定的风险因素之下。对待青少年发展中的问题，有两种常见的观点，一种观点认为，青少年发展中出现各种问题是正常的，我们不需要特别地关注与干预，他们会自然而然地调整与适应；另一种观点认为，青少年发展中出现问题是正常的，但应当力求将青少年纳入"安全区"，以保证不让他们遭受任何风险。如果按前一种观点，教师与家长放弃了作为未成年人保护者的角色和职责；后一种观点，是要为青少年"设立安全区"，隔绝青少年与外部真实世界的沟通与联系，这既没必要，也无可能。相对于"不作为"和"设立安全区"的观点，只有更积极主动地应对青少年发展中的问题才是恰如其分和切实可行的。

（2）加强青少年发展的各种促进因素的开发

提高青少年应对风险以及从逆境中恢复过来的能力，是青少年健康发展的重要保障，由此，需要关注青少年在面对逆境和风险时所能利用的促进因素。促进因素包括资产或资源。资产是指个人内部的积极因素，如问题解决能力、自我调节能力、希望、乐观等。资源也是帮助青少年克服风险的积极因素，但它是指外部因素，如父母支持、成人指导或促进青少年积极发展的社区组织。"资源"一词强调社会环境对青少年健康和发展的影响，有助于将心理弹性理论置于更加生态的环境中，而不限于静态的个体因素。利用资产或资源来克服风险，这表明心理弹性的发生是一个动态的过程。

（3）将青少年心理弹性的干预延伸至家庭

因不同研究所涉及的发展结果变量、情境和人群不同，因此，这些研究揭示的有利于减少风险因素对青少年不利影响的资产和资源因素也不尽相同。但这些关于促进青少年发展的资产与资源的探讨也取得了一定的共识：如家庭是青少年最重要的资源，这些因素包括父母的支持、管教和沟通技巧等。一些针对青少年心理弹性的干预措施将家庭作为青少年发展的重要资源来开发，如学校教会家长如何与孩子建立积极的关系，制定恰当的管教措施，以及管理家庭内部的不良情绪和冲突；开发亲子工作坊课程或设计亲子活动。在这些课程或活动中，父母可以和孩子一起练习亲子沟通的方法和技能等。

青少年的健康成长关系到国家和民族的未来，如何以科学理论为指导促进青少年的积极发展是一个值得研究的课题。心理弹性科学的生命力在于应用。期待在应用心理弹性理论的过程中，有更多新的认识和更有效的作为。

综上所述，在心理弹性研究近70年的历史中，加梅齐、沃纳、鲁特等里程碑式的人物为心理弹性研究作出了突出贡献，先后出现了不同的研究取向与重点，以及多种定义与测量工具，目前仍然是积极心理学研究的一个重要课题。需要指出的是，心理弹性研究中的争论到目前为止还没有完全解决，为未来的研究提供了巨大的空间。最主要的争论体现在三个方面：心理弹性是一种特质还是一种状态？心理弹性是领域一般性的还是领域特殊性的？心理弹性是一个单一的结构，还是由几个潜在的心理结构组成的层次结构？正是由于这些争议的存在，使得心理弹性研究的结果缺乏统一性，解决这些争议的研究是充满吸引力与挑战的。因此，需要对心理弹性研究的细化与深化研究，从而破解心理弹性研究中长期存在的三个争论。

二、心理弹性的开发路径

以往我们常常听到这样一句话：跌倒了就要爬起来，后来衍生出"跌倒了别着急爬起来，先看看地上有什么可以捡，再爬起来"，这句话充分说明了即使经历挫折与失败，我们仍有机会从中获得启发与成长，只不过是否能够从困境中得到启发与成长，关键因素在于心理弹性。

相较于传统心理学，积极心理学将心理弹性视为大多数人都可以通过学习而获得的能力，而非少数人才具有的特殊天分。研究心理弹性的目的是探索出个人生存和成长的力量源泉，使逆境对个体的消极影响最小化，使个体的适应和成长最大化。

青少年正处于疾风骤雨的青春期，生理、心理都正发生剧烈的改变，且也是深具可塑性和发展潜力的时期。面对挫折失败时，有些青少年显得束手无策，有些青少年却能战胜逆境，成长为更有力量的人，这就是心理弹性的核心精神所在。简单来说，心理弹性是指个体面对生命中各种各样的挑战与难题时，尽管会感到苦恼、迷茫、困惑，但不会被击垮，并能够如同弹簧一样，恢复成原有的状态，甚至比原先的状态发展得更好。可见，培育青少年的心理弹性显得尤其重要，以帮助青少年拥有抵抗、克服逆境的能力，使其能顺利地应对各种挫折与挑战。

（一）青少年心理弹性作用机制

尽管心理弹性目前还没有统一的概念，对于心理弹性的内在结构也没有达成共识，但在进行科学的研究时，一般都认为涉及两个因素：保护因素和风险因素。弗格斯和齐默尔曼（2005）提出心理弹性的产生必须具备两个要素：危机的出现以及保护因素的存在。李等人（2013）通过实证研究，指出影响心理弹性的最重要的因素是保护性因素，其次是风险因素。保护性因素就是能减轻不利处境对儿童消极影响的因素。这些保护性因素既可以是个体外部的因素，如社会支持，也可以是个体自身的优势，如自我效能感。对于心理弹性作用机制的研究，就在于要揭示保护因素和风险因素是如何互动的，通过怎样的途径培养和提高个体的心理弹性，使得青少年能成功战胜逆境，并达到适应良好的发展状态。国内外研究者提出、归纳了以下四种不同的作用机制：

1. 加梅齐模型

加梅齐等（1984）提出心理弹性的运作模式分为三种：补偿模式、挑战模式和保护模式。

（1）补偿模式

此模式认为个人特质与环境资源能对抗压力的负面影响，强调风险因素与保护因素之间的关系，认为若将保护因素与风险因素加在一起后呈现正面效果，便是心理弹性展现的结果。因此，依据此模式的观点，个体拥有的保护因素越多，风险因素越少，则越能增强心理弹性的力量。

（2）挑战模式

若风险因素的作用没有超过个体的承受能力范围，反而能提高个人应对事务的能力。这个模式强调风险因素未必只是负面作用，有时候反而能协助个体成长。

（3）保护模式

保护因素能提升个体的应对水平，缓和风险因素的作用，保护因素和风险因素的交互作用减少了消极后果发生的可能性，因此保护因素起着调节器的作用，且保护因素的作用在风险因素出现之后会得到强化。这个模式强调保护因素的作用，而非数量的多寡。

2. 鲁特的发展模式

鲁特（1987）在总结过去文献的基础上，认为心理弹性的运作横跨不同时间不断运行而成，并非单一时间的改善效果，所以他将研究焦点放在心理弹性如何帮助个体提升抗压力上。依此观点，鲁特提出了四种发展模式的作用机制：缓和风险因素的冲击、减缓负向连锁反应、促进个体自我效能与自尊、机会的开发。

（1）缓和风险因素的冲击

降低风险因素的影响，包括改变个体对风险因素的认知和避免、减少与风险因素的接触。先让个体在风险性较低的环境下学习如何成功地应对这些风险因素，这样当真实风险出现的时候，甚至碰到更大的风险时就可以减少其不利影响。

（2）减缓负向连锁反应

风险因素的累积会引发个体的适应困难，心理弹性的出现则可帮助降低不良连锁反应的产生。主要方法包括修正适应不良的应对策略及减缓负向效应的影响，从挫折中重新振作。

（3）促进个体自我效能与自尊

建立自我的价值感和积极的自我概念，相信自己有能力面对生命中的挑战，将提升个体的抗压性，并有能力克服困难和挑战。安全的人际关系、成功地解决问题或是发展专长，都有助于形成积极的自我概念。这样，青少年在遇到困境时就有信心、有能力应对难题。

（4）机会的开发

可视为个人生命的转折点，开启保护个体的通道，提供相关的学习或增进自我效能的机会，对个体经验产生更多正面的影响。

我们也应注意到，保护机制的产生过程不是避免或逃避负向环境的影响或事件的发生，而是利用个体自身优势和外在的环境资源，来减缓危机事件带来的影响，打破连锁的负向影响效应，促进个体内在资源的开发，促使个体更有能力面对困境、适应挫折，更相信自己能跨过障碍，获得良好发展。同时还要注意到，个体的心理弹性是动态的、发展的，不是一成不变的。应注意到个体的保护性因素和所面对的逆境压力大小之间的对比，如果个体的保护性因素不足以承受压力，那么心理弹性也会减弱甚至会出现个体的崩溃与瓦解。

3. 孔普弗的心理弹性框架

孔普弗（1999）综合了其他人的研究，形成了一个心理弹性框架（见图 4-2）。该框架是建立在社会生态模型和个体—过程—情境模型基础上的综合模型。孔普弗的心理弹性框架由以下内容构成：已有的环境特征；个体的心理弹性特征；个体心理弹性的重组或消极生活经历后产生的积极效果；调适个体和环境以及个体和结果直接的动力机制。具体如下：

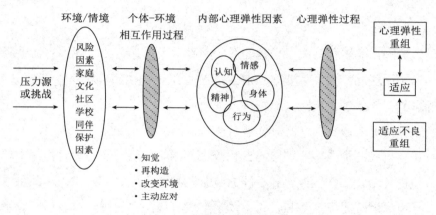

图 4-2　孔普弗的心理弹性框架

上图中第一个椭圆构造部分描述的是环境情境中保护因素与风险因素之间的交互影响，保护性因素履行缓冲功能。一般情况下，个体在少数的风险因素的冲击下还能适应良好，但是超过个体的承受范围，其发展功能损失及适应不良的概率将会提高。相反，保护性因素的增加可以有效缓冲这些风险因素带来的冲击。

图中第二个椭圆表示个体与环境交互作用的过程，这个过程包括个体有意或无意改变其环境或对环境有选择的觉知。包括选择性觉知、认知再构造、计划、梦想、对亲社会人群的辨别和交往、对环境的积极改变和主动应对等。同时，孔普弗指出，心理弹性青少年可以寻求促进和鼓励保护过程的监护人，这个保护过程通过积极社会化和提供照顾来实现。根据孔普弗的研究，这些充满爱心的大人可以通过以下方式提供积极社会化：角色楷模；教导；给予忠告和建议；在照料时，给予情感和情绪上的响应；创造有意义的活动的机会；有效的监督和训练；合理的发展期望；其他的社会支持和帮助。

　　最右边的部分，呈现出心理弹性过程可能出现的三种结果：第一种是心理弹性重组，即变得更强并达到一个更高的心理弹性水平；第二种是动态平衡的重组，即适应退回到风险因素出现之前的初始状态；第三种是适应不良的重组，即表示不能显示出心理弹性，即个体的心理弹性水平停留在很低的水平里。

4. 理查森的心理弹性模式

　　理查森（2002）提出心理弹性模式来描述保护因素的运作与维持个体身体、心理、精神动态平衡间的关系（见图4-3）。此模式说明了当个人面临压力、困境与特定生活事件的困扰时，内在保护因素将发挥作用，以缓冲危险因素所带来的冲击，呈现出相互作用后的动态的平衡，可能会有四种结果，一种可能是心理弹性重组，即个体身体、心理、精神三个系统不仅恢复到原先的水平，而且还较之前有了进一步的提高；第二种可能是回归性重组，即个体身体、心理、精神又恢复到原先的状态；第三种是缺失性重组，即个体在达到新的平衡状态时放弃了原有的一些动机、信念或坚持；第四种是机能不良重组，即当既有的保护因素不足以对抗外在的压力时，个体将经历崩溃

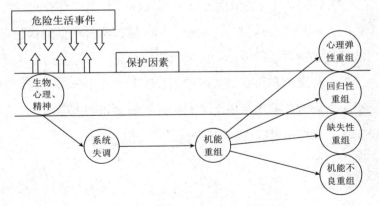

图 4-3　理查森的心理弹性模式

的心理过程。

以上四种模式从不同角度阐述了心理弹性的作用机制，说明保护因素和风险因素是如何对心理弹性产生作用的。孔普弗和理查森的模式构建正是建立在加梅齐和鲁特的早期模型的基础上。孔普弗的心理弹性框架兼顾了外界环境、个体内部及两者的相互作用，强调风险因素与保护因素的交互作用，较好地解释了适应结果三种水平的成因、结果和过程。理查森的弹性模式强调了身体、心理和精神三方面的风险因素与保护因素的交互作用所产生的四种适应结果。其中，孔普弗（1999）提出的心理弹性框架和理查森（2002）提出的心理弹性元理论模型代表了心理弹性的整合性模型。孔普弗的心理弹性框架探讨的是心理弹性个体与其高风险环境之间的互动过程及结果。他的研究特别探讨了心理弹性研究结果对提高高危青年积极的生活适应以及减少吸毒的影响（Kumpfer, 1999）。理查森的心理弹性元理论描述了保护因素的运作与维持个体生理、心理、精神动态平衡的关系。该理论主要包括两方面的内容：第一，当个体面临压力、逆境与特定负性生活事件的困扰时，个体的内在保护因素就会发挥作用。保护因素与风险因素对抗，能缓解风险因素所带来的负面影响。第二，保护因素与风险因素相互作用后，个体心理会经历一个动态平衡的过程，并最终产生四种可能的结果。理查森研究的初衷是探讨心理治疗师怎样用一种心理弹性模型来对来访者进行干预（Richardson, 2002）。心理弹性框架和心理弹性元理论都对部分高危或具有心理疾病的青少年减少负面发展结果有很重要的启发作用。但这两种模型的构建者都是从心理病理的视角来探讨心理弹性的影响因素与结果，其适用对象不是面向全体青少年，没有体现出积极导向。近年来，随着对青少年深入的科学研究以及积极青少年发展观的提出，出现了专门针对青少年心理弹性发展与积极发展的整合模型，体现出对以往病理导向模型与理论的超越。

综上所述，尽管关于心理弹性保护因子的具体界定及其相互作用机制仍处于百家争鸣的阶段，研究者和教育工作者尚未就保护因素与风险因素如何互动以产生心理弹性，以及哪些特质最能有效提升心理弹性达成一致结论，但众多研究者的探索与观点为我们提供了丰富的理论支持和实践启示。这些研究不仅深化了我们对心理弹性机制的理解，还为帮助青少年应对逆境提供了多种可行的途径，这正是心理弹性研究的核心价值所在。基于现有研究成果，笔者认为，培养心理弹性的关键在于系统性地提升青少年的保护性因素。通过增强社会支持、情绪调节能力、目标设定能力等保护性资源，我们可以帮助青少年在逆境中更好地适应与成长，从而为他们的全面发展奠定坚实的心理基础。

（二）青少年心理弹性的保护性因素

保护性因素分为个体内在保护性因素和个体外在保护性因素。个体内在保护性因素指的是个体本身拥有或习得的、具有保护作用的心理能力和人格特质；个体的外在保护性因素则是存在于个体自身之外的，可分为家庭系统及外在支持系统（Luthar & Cicchetti, 2000），两大因素、三个层面简洁清晰，研究者按此分类，将不同学者提出的保护性因素归类，见表4-4。

表4-4　心理弹性保护性因素

因素	层面	保护性因素	研究者
内在保护因素	个人层面	自我效能感	李（2013）
		自尊（鼓励）	李（2013）
		积极情绪：乐观、希望	格罗特伯格（2001）
		问题解决	格罗特伯格（1995）
		自我控制能力	默里（2003）
		人际互动能力	罗贝尔和萨姆(2003)
外在保护因素	家庭层面	家庭环境	格罗特伯格（1995）
		教养方式	鲁特（1987）
		良好的亲子关系	冈萨雷斯（2003）
	外在支持系统	学业成绩	奥尔森（2003）
		同伴关系	布朗（2009）
		参与有意义的活动	朱森楠（2001）
		其他成人或社会支持	格罗特伯格（2001）

1. **内在保护因素：培养青少年积极的心理弹性特质**

积极的心理弹性特质是指个体内部有助于应对挫折情境、保证个体良好适应并能积极发展的特质性因素。从上表可见，培养的积极心理弹性特质可从这些关键点入手：自我效能、自尊、积极情绪、问题解决、自我控制能力和人际互动能力。在培养心理弹性特质的方法上，比较著名的是国际心理弹性研究计划提出的"我有、我是和我能"的策略。从"我是"的层面，需要家长和教育工作者多从积极心理学的角度去引导学生发现、认识自身的优点与潜能，多去挖掘、肯定其闪光点，并加以鼓励，以期提高自尊水平，形成积极的自我评价，使学生真正在遇到困难的时候就会发自内心地相信有能力战胜逆境。在布置作业时，注重个体化差异，同时最好带有团体性质，且需要个体付出一定的努力而又"够得着"的活动或任务，青少年在一次一次尝试和完成的过程中，就可能在某个时刻生成"原来我能行""原来我能做到"的感悟。这样，他们解决问题的能力和人际互动的能力就会逐渐增强。在提高自我控制能力上，可通过后果警示、自我积极暗示、转移注意力等方法提高。关于积极情绪的培养，如乐观和希望，详见第三章。

2. **外在保护因素：建立家庭及外在支持系统**

相对于个人心理弹性特质的内部保护因素，来自家庭及外在的支持同样是培养个体心理弹性的重要方面，对于个体在逆境中展现心理弹性发挥着非常重要的保护作用。外在保护因素的提高通道有：形成爱与安全的家庭环境，提供温暖、支持性教养，建立亲密的亲子关系，合理看待学业成绩，接纳的同伴关系以及鼓励参加有意义的活动。

（1）**形成爱与安全的家庭环境**

如果在青少年的成长过程中，家庭提供的爱与安全使心理得到满足，就可以使个体具有安全感以及发展出健康的爱与爱人的能力，对外在的人际关系也会相应地觉得安全，即使在遇到挫折或碰到逆境时也能适应良好。

（2）**提供温暖与支持性教养**

每当青少年想探索心中的好奇、想尝试一样新的挑战，如果家长能根据孩子的特点给予支持与理解，那么慢慢地这个孩子在面对未知的情境时就能养成自信与勇敢的态度，反之，慢慢地就会对自己多一份胆怯与怀疑。此外，父母的倾听与理解会让孩子在身处困境时缓解压力，不仅能提升青少年的心理能量，同时也会使其更坚强地克服逆境，提升心理弹性水平。

（3）建立亲密的亲子关系

良好的亲子关系，会让孩子在遇到困难时多了一处心灵的栖息之地，可以放心地、自由地袒露内心的彷徨与踌躇。所以父母要在忙碌之余重视对孩子的陪伴与关注，多跟孩子交心，少对孩子责骂；多一分沟通与鼓励，避免忽视与否定。

（三）学校情境中青少年心理弹性培养途径

除家庭外，学校是青少年成长的另一个重要环境，其中对青少年心理弹性的发展起着关键作用的是学业成绩和同伴关系以及参与班级、学校组织的有意义的活动。

1. 合理看待学业成绩

学业心理弹性是指学生成功应对学校日常学习活动中典型的学业挫折与挑战（如较差的学业成绩、发挥不良、考试压力）的能力，即学生能灵活运用策略应对学业压力与困难，顺利度过困境，获得良好适应。教育工作者在评价学生时应因人而异、多元评价，学业成绩只是其一，不能完全代表学生个体。应引导学生重视学业，通过学业考试可以测评出一段时间以来学生的学业表现，查缺补漏，增强自我控制能力。同时，还要引导学生共同形成"不以分数论英雄"的班集体文化，认识到每个人都有独特的潜能，这样未获得优异成绩的学生无须感觉到自卑，也不用承受嘲笑。同样，总是名列前茅的学生也不会因为成绩好就骄傲自大、目空一切，更能全面、客观地看待自己和同学。如此合理地看待学业成绩对每一个青少年都是有裨益的，总是考不好或偶尔一次发挥失常的学生就不会产生过多的心理困扰，更容易度过不利的处境，发展出良好的心理弹性特质。

2. 提高同伴交往水平

从发展心理学的角度看，拓展人际关系，在同伴中找到归属感是青少年阶段的重要发展任务。有研究表示，同伴关系是青少年情绪幸福感的关键来源（Brown & Larson, 2009）。当个体遭受困难与挑战的冲击时，同伴关系可以作为情绪支持的来源，提供问题解决策略的通道，良师益友作为学生的支持系统，对逆境的突破和心理弹性的提升起着重要的作用。反之，若交友不当，或没有获得同伴的理解与接纳，就会加重学生的困境程度，阻碍心理弹性的发展。所以，教育工作者要注重养成助人为乐、同舟共济的班风，在班级里引导学生多设身处地为他人想一想，同时在课程设置上要有有关人际交往的班会课或心理课。如现在很多学校会利用社团开展人际交往系列团辅活动来提高青少年交往技能，这对于心理弹性的发展是一个很好的途径。

3. 鼓励参加有意义的活动

为学生提供展示自己兴趣和爱好的平台，引导学生通过参与形式多样的活动发现自己的潜能与优势，提高自我效能感，建立积极乐观的心态，正确面对挫折与困难，提升心理弹性水平。学校可利用节日活动、体育节、志愿者节等，积极发挥学生的聪明才智，也可通过学生代表的国旗下发言进行榜样激励，引导学生表达对事物的见解，提高自我效能和自尊水平。往往在学校的团体活动中，学生的心理需求会得到多方面满足，同时，团队合作的能力和解决问题的能力会得到提升，同伴关系会进一步亲近，所以班级和学校组织的活动对于青少年心理弹性的发展十分重要。

此外，贝纳德（1995）提出师生间的关怀关系、学校对学生抱有高度的期望也可以提高青少年的心理弹性，尤其当家庭功能失调时，外在的支持系统就更显重要。社会支持不仅指社会关系的数量和质量，还包含个体对社会支持的主观感知和利用程度。因此，政府部门、社区组织、公益机构等也有义务为青少年的成长、心理弹性的发展承担一部分的责任，如净化社会环境，为贫困家庭提供更多的资源支持，为留守儿童提供公平的教育，等等，这些工作需要全社会共同努力。

心理弹性并不是少数人的专利，而是所有儿童都拥有的平凡的魔力（Masten, 2001）。在应对困难或挑战的过程中，学生也会成长。有的学生表现为摧而不垮、愈挫弥坚。心理弹性的发掘，可聚焦影响心理弹性的三大核心因素：心理预期（心理弹性的先行基础）：对所要适应的环境的了解、理解、体验；灵活应对（心理弹性的核心因子）；社会支持（心理弹性的重要保障）（安媛媛，2022）。根据安媛媛等人的研究，发掘心理弹性的可行办法有：第一，提前进行心理预演。如不要期待在应对考试时能急中生智，很多情形下可能会手忙脚乱。有条件的话，提前适应要面对的环境，增加对环境的熟悉性。第二，丰富应对工具箱。在学习和生活中都尝试学会"一题多解"，掌握多种应对方法，善于以变应变等。第三，增强社会支持。包括情绪支持（尊重和接纳）、信息支持、工具支持（含必要的物质支持）等。引导家长既不能过度关心，也不过度忽视，加强理解与情绪支持（理解与情绪支持的话术：重复事实＋反馈感受）。如"你数学考试怎么考得怎么差，我当年的数学比你好多了！"这样的反馈就没有情绪支持。而"听到你说这次你已经尽力了，但数学模拟考还是不理想，你一定很难过对不对？"就包含情绪支持。

三、培育心理弹性的实践案例

教师促进学生心理弹性的培育需要关注：基于情境（需要结合问题情境来培育）；解疑释惑（需要一定的理论指导）；实践探索（需要引导学生积极实践）；体悟与建议（需要学生体悟、环境支持）；拓展思考（保持一种开放思考）。

（一）问题情境

多多是一个初二的女生，平时遇到挫折和考验后容易消沉退缩，甚至还一度一蹶不振过。多多很疑惑，为什么周围很多同学可以平和而坚强地面对生活中的挫折和考验，而自己却做不到？在平时的学习和生活中也是这样，自己身边的一些朋友在面对考试失利、人际矛盾、疾病，甚至家庭变故等考验或困境时，会积极调整直面挫折，有的甚至越挫越勇。而当自己遇到挫折和考验时，却很容易被打倒。对于那些内心坚毅、抗挫能力强的同学，多多又美慕又疑惑。美慕的是，他们可以笑对挫折和考验，多多好希望自己和他们一样。疑惑的是，究竟是什么样的神奇力量，可以让那些同学那么坚韧和强大？

不知道大家是否也有和多多同学类似的困惑和烦恼呢？让我们一起揭晓其背后的秘密吧！

（二）解疑释惑

从心理学角度来看，是什么让多多同学羡慕的同伴能够在遭遇逆境后恢复原状，甚至变得更强大？

答案就是"resilience"，也常被翻译为心理弹性、韧性、复原力等，是指个体在即使遇到压力或逆境时，仍能积极适应的心理现象。发展心理学家发现，许多身处逆境的儿童并没有像预期的那样被打倒，反而成了有信心、有能力、有爱心的人。心理弹性并不只是少数人所拥有的，心理弹性是普遍存在的，也不是可望而不可即，每个人天生就具有一定的心理弹性潜能。

提升青少年的心理弹性，需要从哪几方面着手？

主要从加强内在保护因素和外在保护因素两方面入手。内在保护因素主要有自我效能、积极情绪、自尊、问题解决、自我控制能力和人际互动能力。外在保护因素主要有充满爱与安全的家庭环境，温暖、支持的父母教养方式，良好的亲子关系与同伴关系，其他成人或社会支持。

（三）实践探索

在实践中，我们可以从心理学家格罗特伯格提出的"I am"（内在优势）、"I have"（社会支持）、"I can"（能力）三因素及其交互作用中找到提升心理弹性的办法。

1. 挖掘内在优势：提升乐观感

可以挖掘自身的内在优势，促使自己更多地了解自己、认可自己，形成"乐观感"。

（1）罗列优势清单

① 寻找被忽视的优势

首先，罗列出自己已经发现的优势，形成一个"优势的初步清单"。然后从更多元的角度尝试去拓展自己的优势清单。

可以拓展思维，从生活技能、兴趣特长、学习能力、人际交往能力、思维特点、个性特征、生活态度等各方面去寻找，就能找到更多的优势，继续添加在优势清单中。还需要注意的是，那些很微小的容易被忽略的方面，也蕴藏着个人的内在优势呢，千万不要忽略了。

例如，一位同学的书桌总是整整齐齐，这是很微小的方面，平时很容易忽略，但这又何尝不是一个人的内在优势呢？说明这位同学有条理，整理收纳能力强。

除了自己罗列优势清单，也可以通过"漂流卡"的方式，让你身边的朋友、家人、老师帮助你寻找，一定会有新发现。很快，优势清单将会越来越长！

② 寻找另一面的优势

事物总有两面性，一个人的特点有时候也会有两面性。要尝试看到特点的另一面也蕴含着个人优势呢！

例如，不善言辞的人，可能比起其他人更容易安静地思考，这就是事物的另一方面。可以通过"翻页纸"的方式，在纸的一面写上自己以前不是很欣赏的特点，在纸的另一面试试能不能写出让自己认可的角度。如果找到了，就可以继续添加在优势清单中了。

当然，并不是所有的特点一定具有两面性，关键是能尝试从"优势"角度再一次去看待自己的特点。

③ 发展出更多优势

制订计划，如制作"××优势养成书"，把目标、内容、举措、时间安排等作出明确的计划。再通过手账的方式，图文并茂地记录过程、感受和变化，这对于鼓励和监督优势的发展过程是有帮助的。

（2）通过情绪调节建构心理资源

① 增加积极情绪

积极情绪有很多力量，其中的一个力量是让人变得更坚韧。可通过建立"积极情绪档案袋"来培育积极情绪。

以"自豪"为例，在"自豪"档案袋中，需要为每一个"自豪"建立一张档案卡：什么时间？发生了什么事情？你做了些什么？对你的未来有什么启发？不同的"自豪"档案卡，可以累积、更新。一张张积极情绪档案卡最终可以形成"积极情绪档案袋"，这是增加积极情绪的好办法。其他培育积极情绪的方法可见本书第三章。

② 减少消极情绪

积极情绪本身可抵消消极情绪。同时，在减少过度消极情绪上，也有另外的一些方法。可以通过"列单子"的方式，列出"原来的想法""现在的想法"，用合理的想法来替代引发自己消极情绪的不合理想法。

通过质疑与反驳原来的不合理想法，把消极情绪控制在萌芽中。也可以通过以下方法来减少消极情绪对自己的负面影响：注意转移（远离负面的刺激或信息），改变情境（主动改变消极的情境），改变意义（赋予所遇到的人、事、物新的意义）。

（3）开展积极反馈

① 制作多彩"优势清单"

通过用不同的颜色记录各种优势，就会让大家很直观地看到优势清单不断在增加，从而让"优势清单"成为积极自我反馈的素材。

② 积极的自我暗示

开展"积极自我暗示"打卡行动。选择在固定的时间，对自己开展简短、肯定、有力的积极暗示，并记录下来。具体的积极暗示可以是："我很棒！""我在进步！""我在增加我的优势！""我要为自己的内在优势而自豪"等。

需要指出的是，在积极自我暗示时，可多用心理学家德韦克提出的"成长型思维"，而不要用"固定型思维"来看待自己。要看到自己的能力是可以通过努力与积极行动来提升的，而不是固定不变的。

2. 寻找社会支持：提升归属感

我们要感恩拥有挚友的友情，庆幸有家人的关怀和支持、老师的帮助。所以，可以通过自己或者家人、老师、朋友的引导，发现自己所拥有的外在支持与资源，寻求社会支持，获得归属感。

（1）寻找家庭支持

① 增强家庭仪式感

可以和家人共同商量，设立家庭学习日、家庭旅行计划、家庭保留活动等。最好能固定时间，把计划和安排张贴在家庭中醒目的位置，和父母、家人一起参与一些庆祝活动、家庭聚会、家庭旅行等，在融洽相处的过程中增加家庭中的互动、凝聚力、归属感，增加共同的体验和回忆，促进亲子关系，收获情感支持。

② 设立亲子沟通契约

孩子和家长双方共同努力，才能促使亲子沟通产生良性循环，从而促进亲子关系。而良好的亲子沟通，本身就是有力的家庭支持的一部分。

可以向父母提议，设立亲子沟通契约，共同为亲子沟通、亲子关系而努力。孩子可以给自己制订几条亲子沟通"几要、几不要"，同时，也向父母提出建议，希望父母可以在哪些方面开展尝试。对于家长，也可以给自己制订"几要、几不要"，再向孩子提出建议。所有的内容都要具体。最终的契约，要在互相协商、一致认可的情况下达成，并事先确认。

③ 写亲子两递书

如果产生亲子矛盾和冲突了，怎么办？如何在此情景下解决冲突，继续保持家庭对自己的支持呢？可以尝试"亲子两递书"，将自己的感受、想法、期待用书信的方式传递给父母，同时，期待父母的回复。

建立在真诚沟通、解决问题基础上的"两递书"，有利于冲突矛盾的解决，保持和谐的家庭氛围。

（2）寻求其他支持

① 寻求同伴支持

和同学、朋友、同龄人建立起"互助小分队"，分享快乐、倾诉烦恼、提供支持和帮助。遵守好"互助小分队"的正式或非正式公约：真诚、互助、友善、关心、付出等。

② 寻求教师支持

在学习、生活中，都可以寻求教师的支持。充分运用好教师日常提供的各类学习、生活、情感支持等资源。同时，也可通过口头语言、书信、网络渠道等方式寻求教师支持。

3. 提高适应能力：提升效能感

（1）提升人际互动能力

分析自己在人际互动中的优势、不足，肯定自己优势的一面，也可以发展自己的潜能。如果发现自己的沟通能力比较欠缺，可以通过学习如何倾听、表达，或者练习在特定情境中如何表达感谢、赞美、不同意见、拒绝等方式，提升沟通能力。

（2）提升自我控制能力

在提高自我控制能力上，可通过后果警示、自我积极暗示、转移注意力等方法提高。

（3）提升问题解决能力

遇到问题，先处理好情绪，在此基础上，开始着手解决问题。首先，迁移以往问题解决的成功经验。其次，分析特定的具体的问题，找出解决问题的关键点和途径。再进行实践，在此基础上进行修正。在此过程中，可以寻求多方的支持。能力提升后，自身的效能感会增加，从而进一步提升自己的心理弹性。

（四）体悟与建议

1. 学生体悟

多多：我逐渐改变了想法，原来经历挫折不一定是坏事，经历挫折后的收获，是我生活中的独特经历和财富。挫折教会了我很多。今后，我要以正面的态度去面对挫折、困难或失败，从中看到逆境的积极意义。

如何提升自己的心理弹性呢？我的感悟有几点。

第一，看到自己更多的优势，添加到"优势清单"中。并且能尝试发展一部分优势，让自己的"优势清单"成为自己应对挫折的底气。

第二，进行积极的自我暗示，多对自己说"我有""我能""我行"。

第三，我尝试建立"积极情绪档案"，让积极情绪成为应对挫折的力量。

第四，通过和家人一起参与共同的活动和仪式，建立亲子沟通契约等，让温馨而美好的亲子关系成为强有力的后盾与支持。

第五，我也会主动去寻求一些外在资源，如老师和同学的帮助，这是我遇到困难时的支持系统之一。

第六，遇到问题的时候，我会积极想办法解决问题，而不是一味地陷入负面情绪中。

在不断积累中，我相信自己将不再脆弱，我也相信自己会在经历挫折中提升心理弹性。

最后，我将感谢挫折，因为打不倒我的，终将帮助我成为更好的自己。

2. 给家长的建议

（1）肯定孩子的强项和优点，欣赏孩子的独特性

要善于用欣赏的眼光发现、肯定孩子，并且不要与其他人做无谓的比较。可以给孩子设立"欣赏储蓄罐"，将对孩子的优点、独特性的发现，用语言表达给孩子听，并写下来存储在"欣赏储蓄罐"中，一个阶段后可以和孩子一起回顾和分享。

（2）建立良好的家庭沟通方式

沟通时要尊重孩子，试着站在孩子的角度去思考问题。同时，家庭成员具有良好的沟通，能容忍互相之间的差异，互相协助共同面对挑战。制订"亲子沟通契约"，书写"亲子两递书"等，都是促进家庭沟通的渠道。

（3）用言语及行动表达对孩子的爱

如重视生日、重要节日，保留一定的家庭仪式感和家庭保留节目、家庭旅行等，不吝表达对孩子的重视和爱。

（4）合理看待成绩

引导孩子注重坚持和努力的过程。在学习上受挫时，鼓励孩子积极地调整学习方法和策略。

（5）培养孩子应对困难的能力

鼓励孩子多参加一些具有挑战性的活动。言传身教，和孩子分享自己面对困难的故事，将逆境作为学习机会。

3. 给教师的建议

（1）用欣赏和多元的视角评价学生，不仅仅用单一的学习成绩来评价学生。对学生的表现给予及时和正面的反馈，肯定其积极的行为。创设丰富的活动平台，引导和帮助学生看到自己独特的优势和潜能。

（2）建立关爱的师生关系，让学生在学校教育过程中感受到被接纳、被支持。

（3）指导学生进行良性的同伴交往，善于与同伴沟通、相互学习与支持。

（4）引导学生从积极的角度看待挫折，让学生认识到问题与资源同在，挑战与机遇同在。如面对同伴矛盾，和学生探讨如果从积极的角度看待，也许会对自己如何收获友情带来思考和帮助，会让自己更好地处理人际矛盾，提升人际沟通能力。

（5）对于受挫的学生，要在疏导其情绪的同时，帮助其提升解决问题的能力。

（五）拓展思考

1. 如果你的好朋友这个学期学习非常努力，可是学期末的考试结果却很不理想。为此，你的好朋友情绪很低落，并向你倾诉他所遭遇的挫折。你会怎么建议他直面挫折，提升心理弹性呢？

（提示：首先要改变想法，如果不再把"没考好"当成挫折，而是看到进步和提高的部分，并激励自己运用更适合的方法、保持更积极的情绪，可能会产生更积极的行为。在此基础上，在挖掘内在优势、寻求外部支持、发展能力等方面再根据实际情况寻找一些方法和途径。）

2. 根据你的实际情况，为提升心理弹性，从自身内部的角度来看，你有什么计划？

（提示：在自我效能、积极情绪、自尊、问题解决、自我控制能力和人际互动能力等方面可以逐一分析，在此基础上制订自己的提升计划）

（案例来源：朱仲敏. 积极心理学视角下中小学生心理免疫力提升指南[M].上海：上海教育出版社，2020.此案例由盛佳妮老师提供，选入时案例略有改动）

面对失败时，有些青少年显得束手无策，有些青少年却能战胜逆境，成长为更有力量的人，这就是心理弹性的核心精神所在。心理弹性是指个体在遭遇挫折或困倦时，通过本身内在的人格特质或能力，以及外在环境的保护因素，产生正向适应的动态历程，使个体达到成功与良好的结果。心理弹性不是天才独有，而是每个人都具有一定的心理弹性潜能，培养青少年心理弹性的关键在于提高其保护性因素。保护性因素分为个体内在保护性因素和个体外在保护性因素。提高内在保护性因素在于培养青少年的积极心理弹性特质，可从这些关键点入手：自我效能、自尊、积极情绪、问题解决、自我控制能力和人际互动能力。外在保护因素的培养通道有：形成爱与安全的家庭环境，提供温暖、支持性的教养，建立亲密的亲子关系，以引导其合理看待学业成绩，提高同伴交往能力以及鼓励参加有意义的活动。

第三节 心理资本：压力与逆境应对的心理资源

心理资本的概念最初是由美国著名的管理学家卢桑斯于 2004 年正式提出来的。卢桑斯认为心理资本是个体在成长和发展过程中表现出来的一种积极心理状态，能够帮助人们更好地应对压力和逆境。简单来说，它是一种"心理免疫力"，让我们在面对困难时依然能够保持积极的心态，并找到解决问题的方法。心理资本包括四个核心维度：希望：对未来的积极期待和实现目标的动力；乐观：相信事情会向好的方向发展；自我效能：对自己能力的信任；心理弹性：在逆境中快速恢复的能力。希望、乐观、心理弹性在本书前面部分都有论述。作为一个更上位的变量，心理资本对青少年发展的作用如何，值得进一步深入研究。

一、心理资本的力量：青少年心理资本的研究实证

心理资本，作为应对挑战的核心心理资源，其分布与作用机制深刻影响着青少年的心理健康轨迹。研究揭示，这一资源不仅因性别、家庭与学校环境呈现显著差异，更通过塑造积极应对策略成为抵御抑郁的"缓冲带"，并在压力与幸福感的动态博弈中扮演关键中介角色。从差异到保护，从逆境到成长，心理资本的三重效能为理解青少年心理健康提供了系统性视角，也为精准干预指明方向。

（一）心理资本的差异分析：谁更擅长调动心理资源

朱仲敏（2018）组织的一项针对 367 名高中生的调查发现，青少年的心理资本并非均匀分布。研究者通过问卷调查评估了他们的希望感、乐观程度、自我效能和心理弹性，并分析了性别、家庭背景、学校环境等因素的影响，发现了下列因素导致了心理资本的差异：

1. 性别差异：男生的心理弹性和总体心理资本显著高于女生。这可能与

社会对男性"坚强"的刻板印象有关，女生在压力中更容易陷入情绪内耗。

2. 学校类型：相比一般高中，优质高中学生的心理资本普遍更高，尤其在希望和自我效能维度。优质的教育资源、积极的同伴氛围和更强的自我认同感可能是影响心理资本的因素。

3. 家庭影响：父母受教育程度越高，孩子的心理资本水平越高。高学历父母更倾向于鼓励孩子探索目标，并在挫折中传递乐观态度。

4. 年级波动：高二学生的心理资本达到顶峰，高一（适应新环境）和高三（升学压力）则明显下降，凸显学业压力对心理资源的阶段性消耗。

心理资本是高中生应对压力和逆境的重要资源。通过了解心理资本的影响因素，我们可以更有针对性地帮助学生提升这一能力，从而促进他们的心理健康和全面发展。学校、家庭和社会共同努力为高中生创造一个更加积极、支持的成长环境。此外，心理资本的培养需"因材施教"。例如，针对女生可设计情绪调节训练，帮助她们将敏感转化为共情力；对高三学生则需加强目标管理，避免压力吞噬希望感。

（二）心理资本的力量：心理资本如何成为抑郁的"防火墙"

另一项研究追踪了心理资本、应对方式与抑郁的关系。通过测量 367 名高中生的心理资本水平、应对策略（积极 / 消极）和抑郁程度，揭示了心理资本抵御抑郁的内在机制。

1. 双路径保护：心理资本高的学生更不易抑郁，因为他们善于用"积极应对"解决问题，如制订计划、寻求帮助，同时他们会减少使用逃避、自我否定等"消极应对"。这两种路径的效果旗鼓相当。

2. 环境加成：优质高中学生抑郁水平更低，不仅因心理资本更强，也与学校提供的心理咨询、朋辈互助等心理支持资源密切相关。

3. 应对方式：应对方式是关键桥梁，其完全中介了心理资本与抑郁的关系——心理资本本身不直接"消灭"抑郁，而是通过改变应对策略发挥作用。

心理资本是高中生应对压力和逆境的重要资源。通过了解心理资本如何通过应对方式影响抑郁，我们可以更有针对性地帮助学生提升这一能力，从而促进他们的心理健康和全面发展。无论是学校、家庭还是社会，都可以从这项研究中获得启发，共同努力为高中生创造一个更加积极、支持的成长环境。教会学生"把心理资本用对地方"至关重要。例如，在考试失利时，引导学生用"希望感"制订复习计划（积极应对），而非反复自责"我做不到"（消极应对）。

（三）从压力到幸福：心理资本的中介作用

另一项研究探索了生活事件（如家庭矛盾、学业挫折）如何通过心理资本影响青少年的生活满意度。通过结构方程模型分析，揭示了心理资本在压力与幸福感之间的核心作用。

1. 完全中介效应：负性生活事件本身并不直接降低幸福感，而是通过削弱心理资本（如削弱自我效能、消磨希望）间接影响幸福感。反之，心理资本强的学生即使遭遇挫折，仍能保持较高的满意度。

2. 弹性为王：心理弹性是压力转化的核心能力。它能帮助学生快速从失败中恢复，例如考试失利后调整心态："这次没考好，但我有能力下次进步。"

3. 环境缓冲：优质高中学生面对同类压力事件时，心理资本下降幅度更小。良好的师生支持体系和正向反馈机制可能是"保护垫"。

心理资本是一种积极的心理资源，拥有较高心理资本的高中生，更加积极乐观，更能够理性地认清自身的处境，更积极地面对生活，从而具有更高的生活满意度。同时，在遇到负性生活事件时，他们更能够满怀希望，以乐观的心态面对困难，坚韧不拔地不断尝试解决方案，有信心去解决困难，在很大程度上能够缓解甚至消除负性生活事件对生活满意度的影响。

二、青少年心理资本的开发与干预策略

（一）心理资本的外界支持策略

心理资本作为个体积极心理状态的核心要素，对高中生的学业成就、心理健康和未来发展具有深远影响。学校、家庭和社会作为学生成长的重要环

境，可以通过系统化的干预措施帮助学生提升心理资本，从而促进其全面发展和终身幸福。

1. 学校层面的干预策略

学校是学生心理资本培养的重要场所。研究表明，心理资本水平在不同年级和学校类型之间存在显著差异，尤其是在高一和高三阶段，学生的心理资本波动较大。因此，学校需要采取针对性的干预措施。首先，将心理资本培养纳入课程体系，通过系统化的心理健康教育帮助学生建立希望、乐观、自我效能和心理弹性。例如，开设心理弹性训练课程，教授学生应对压力和逆境的技巧，帮助他们在面对学业压力时保持积极心态。其次，针对不同年级学生的特点提供差异化支持。高一学生正处于从初中到高中的过渡期，学校可以通过适应性辅导，帮助他们顺利融入新的学习环境；而高三学生面临高考压力，学校应提供心理减压支持，如开展心理讲座和减压工作坊，帮助他们缓解焦虑情绪。此外，学校还可以通过班干部培养和校园文化建设提升学生的心理资本。鼓励学生参与班级事务，不仅能锻炼他们的责任感和领导力，还能增强他们的自我效能。同时，创设自信、好奇、敢于尝试的校园文化，营造温馨、支持的氛围，也能为学生提供良好的心理成长环境。

2. 家庭层面的支持策略

家庭是学生心理资本形成的重要环境。研究发现，父母受教育程度越高，学生的心理资本水平也越高，这表明家庭教养方式和氛围对心理资本发展具有深远影响。家长可以通过积极教养方式帮助孩子建立自信和乐观的心态。例如，多关注孩子的优点，给予鼓励而非批评，让孩子感受到自己的价值。此外，营造和谐的家庭氛围也至关重要。通过家庭活动增强亲子关系，不仅能让孩子感受到家庭的温暖和支持，还能为他们提供情感上的安全感。例如，定期组织家庭活动，如户外旅行或亲子游戏，不仅能增进亲子感情，还能帮助孩子放松心情。父母自身的行为示范同样重要。高心理资本水平的父母可以通过自身的行为为孩子树立榜样，例如在面对困难时展现乐观和心理弹性，潜移默化地影响孩子的心理发展。

3. 社会层面的支持策略

社会资源和支持体系对学生的心理资本发展同样至关重要。研究发现，城区学生的心理资本水平显著高于城郊结合部的学生，这可能与资源分配不均有关。因此，社会需要通过资源倾斜和社区支持促进心理资本的均衡发展。例如，加大对城郊结合部学校的资源投入，改善其教育条件和心理支持服务，为这些学校的学生提供更多的发展机会。同时，社区可以通过组织活动为学生提供社会支持网络，帮助他们应对生活中的挑战。例如，开展志愿服务、兴趣小组等活动，不仅能增强学生的社会归属感，还能培养他们的责任感和团队合作精神。此外，社会舆论的引导也不容忽视。通过打破对性别和学校类型的刻板印象，营造更加包容和支持的社会环境，可以为学生的心理成长提供更广阔的空间。

（二）心理资本体系化的开发思路

心理资本的培养是一个系统性工程，需要从自我效能、希望、乐观和心理弹性四个维度入手，结合学校教育的特点，采取科学、全面的开发与干预策略。根据朱仲敏、桑标（2017）的研究，学校情境下学生心理资本的具体开发思路如下：

1. 自我效能的开发

自我效能感是心理资本的核心要素之一，其培养需要学生通过亲身体验和榜样学习来积累成功经验。学校可以通过创设自信、好奇、敢于尝试的校园文化，营造温馨、支持的氛围，为学生提供展示自我的平台。例如，组织学生参与学校活动的策划与主持，并对他们的表现给予积极反馈，能够有效增强其自信心。此外，学校领导者应以身作则，展现高自我效能的行为示范，同时通过表扬优秀教师和学生的榜样事迹，激励更多学生追求卓越。体育活动也是提升自我效能的重要途径，通过生理唤醒和团队合作，学生能够在挑战中感受到自身的力量与价值。

2. 希望的开发

希望的培养需要帮助学生确立明确的目标，并探索实现目标的路径。学校可以通过向师生宣讲学校发展的目标，激发他们的认同感和行动力。同时，鼓励学生设定个人目标，并享受实现目标的过程，而非仅仅关注结果。当目标实现受阻时，学校应引导学生根据实际情况调整目标或探索新的路径。例如，通过职业规划课程和生涯指导，帮助学生明确未来的发展方向，并为其提供实践机会。此外，创设包容性校园氛围，鼓励师生探索创新路径，能够为学生提供更多实现希望的可能性。

3. 乐观的开发

乐观心态的形成需要学生学会积极的归因方式。学校可以通过心理健康教育，帮助学生建立乐观的解释风格，例如对成功事件做内在、稳定、普遍的归因，对失败事件做外在、暂时、特定的归因。同时，学校应给予表现积极的学生更多激励和认同，帮助他们在面对挑战时保持战胜自我的信念。团体活动的开展也是培养乐观心态的重要途径，通过人际互动和社会交往，学生能够减少孤立感，增强对生活的热情。此外，鼓励师生利用业余时间培养兴趣爱好或学习新技能，能够帮助他们保持对生活的积极态度。

4. 心理弹性的开发

心理弹性的培养需要加强保护性因素并减少风险因素。学校可以通过创设鼓励坚强的校园文化，营造支持性氛围，帮助学生应对逆境。例如，开展励志教育活动，表扬意志坚强、愈挫弥坚的学生，能够激励更多学生在面对困难时保持心理弹性。对于有抑郁倾向、焦虑倾向或压力较大的学生，学校应给予更多关注与支持，帮助他们走出心理困境。此外，将心理弹性培养融入体育课等需要克服困难的活动中，能够让学生在实践中学到应对挫折的技巧。当事情出错时，学校应引导学生避免陷入消极思维陷阱，学会以积极的方式看待问题。

通过以上四个维度的系统化开发，学校能够有效提升学生的心理资本水平，为他们的全面发展和终身幸福奠定坚实基础。这一过程不仅需要学校的努力，还需要家庭和社会的协同支持，共同为学生营造支持性的成长环境。

第四节　积极学习：积极心理学应用于高效学习

一、积极心理与高效学习的协同共进

心理发展与学业发展的关系。在强调全面发展的今天，学生发展不再局限于学业发展，而是涵盖了理想、心理、生活、学业、生涯等多个维度。其中，理想、心理、生活位于底层，是学生学业、生涯发展的基础。积极心理是学生学业发展的重要基础，近年来受到广泛关注。例如，上海市浦东新区进才实验中学 2021 年立项的浦东新区区级重点课题《新中考背景下分年级积极心理养成课程建设的实践研究》就将积极心理与学习关联起来，针对不同年级设计了具体的实践路径：预初阶段注重"迎接初中，悦纳自我"；初一阶段聚焦"积极学习，积极情绪"；初二阶段强调"积极关系，积极意义"；初三阶段则关注"积极应对，生涯初探"。这种分阶段的积极心理培养模式，不仅帮助学生适应学习环境，还为其学业发展奠定了坚实的心理基础。积极学习不是被动学习（动机：要调动内在动机），不是机械学习（内容：要强调有意义的知识及其结构），不完全是独立学习（形式：要探索合作、探究学习），不是低效学习（效果：要减负提质增效）。

从教学走向学习。教育改革聚焦"学生的学"，而不仅仅是"教师的教"，要注重以学定教。2018 年启动的上海新中考改革明确提出跨学科案例分析和实验操作的要求，旨在培养学生的综合实践能力，包括跨学科案例分析（15 分）、物理和化学实验操作（15 分）。2019 年 6 月 23 日中共中央、国务院颁布的《关于深化教育教学改革全面提高义务教育质量的意见》进一步强调，要探索基于学科的课程综合化教学，开展研究型、项目化、合作式学习；精准分析学情，重视差异化教学和个别化指导。这些政策要求推动了学习方式从"以教为中心"向"以学为中心"的转变，促使学生走向深度学习———一种基于情境、强调情感投入和反思的高阶学习模

式。线上线下结合的学习将成为常态，和机器协作学习、共同进化将成为趋势。

新的政策要求。教育部《义务教育课程方案（2022 年版）》中"深化教学改革"部分要求：一是坚持素养导向。围绕"为什么教"和"为谁教"，深刻理解课程育人价值，落实育人为本理念。准确把握课程要培养的学生核心素养，明确教学内容和教学活动的素养要求，培养学生正确的价值观、必备品格和关键能力，设定教学目标，改革教学过程和教学方法，把立德树人的根本任务落实到具体教育教学活动中。二是强化学科实践。注重"做中学"，引导学生参与学科探究活动，经历发现问题、解决问题、建构知识、运用知识的过程，体会学科实践方法。加强知识学习与学生经验、现实生活、社会实践之间的联系，注重真实情境的创设，增强学生认识真实世界、解决真实问题的能力。三是推进综合学习。整体理解与把握学习目标，注重知识学习与价值教育有机融合，发挥每一个教学活动多方面的育人价值。探索大单元教学，积极开展主题化、项目式学习等综合性教学活动，促进学生举一反三、融会贯通，加强知识间的内在关联，促进知识结构化。四是落实因材施教。创设以学习者为中心的学习环境，凸显学生的学习主体地位，开展差异化教学，加强个别化指导，满足学生的多样化学习需求。引导学生明确目标、自主规划与自我监控，提高自主、合作和探究学习能力，形成良好的思维习惯。发挥新技术的优势，探索线上线下深度融合，服务个性化学习。上述四方面的论述中有对积极学习具体的要求。

学习方式的转变。学习方式的转变与核心素养的培养密不可分。自2016 年提出中国学生发展核心素养以来，核心素养已成为教育改革的热点话题。2022 年义务教育课程核心素养的提出，进一步明确了学生应具备的正确价值观、必备品格和关键能力。核心素养是关于学生知识、技能、情感、态度、价值观等多方面要求的综合表现，令学生能够适应终身发展和社会发展需要。核心素养支撑"有理想、有本领、有担当"的时代新人的培养要求，正确价值观对应于有理想，关键能力对应于有本领，必备品格对应于有担当。核心素养的综合性、实践性和情境性特征，要求学生的学习方式必须从被动接受转向主动探究，从单一学科学习转向跨学科整合，从知识记忆转向问题解决。例如，义务教育新课程提出的"四新"（新目标、新内容、新教学、新评价）呼唤"新学习"，即通过结构化的学习经验重组、学科实践和真实情境的问题解决，培养学生的核心素养（崔允漷，2023）。

学习危机的应对。2014年联合国第11次《全民教育全球监测报告》的主题为"全球学习危机：为什么每个儿童都应得到高质量的教育"。报告指出，全世界2亿年轻人离开学校时没有获得生存所需要的技能。报告提出的六条建议中，四条直接涉及学生学习方式的改进，包括营造多元化的学习场景、修订课程标准、提供促进课堂学习的材料以及扩展学习内容。这些建议与诺贝尔奖获得者的学习特征不谋而合——他们对学习充满内在兴趣和热情，具有强烈的成长动机和反潮流精神，展现出独立性、创造性和坚韧性（申继亮，2022）。这些品质正是积极学习心理的核心体现，也是应对学习危机、实现高质量学习的关键。

综上所述，心理发展与学业发展密不可分，积极心理是高效学习的基石，而高效学习又为心理发展提供了实践场域。通过政策引导、课程改革和学习方式转变，我们可以帮助学生培养积极学习心理品质，从而有效应对学习危机，引导学生实现全面而高质量的发展。

二、通过积极心理支撑高效学习的路径探索

人类的学习是人与环境相互作用所引起的知识、态度、技能、行为等的相对稳定的变化。学习的发生受制于学习者的经验、心理因素、大脑、身体、环境等多种因素。高效的学习离不开积极心理的支撑。本节主要探讨三大问题：能不能学：学习能力的提升——如何帮助学生在掌握知识的基础上提升能力；愿不愿学：学习动机的激发——如何让学生从已有进步和未来预期中获得满足、激发动力；会不会学：学习策略的优化——如何帮助学生习得一些好的习惯与方法，提高学习的效率。

（一）能不能学：学习能力的提升

毕华林（2000）的研究表明，学习能力具有比较复杂的结构，其构成要素包括知识、技能、策略。高效的学习需要促进知识的结构化、程序化、网络化、体系化。

学习能力的心理基础包括智力因素与非智力因素。智力因素包括一般认知能力、元认知能力（策略）等。非智力因素包括动机、兴趣、情感、意志、性格等。

学习能力的形成途径包括内部与外部学习活动。内部学习活动包括感知活动与内部心理加工活动等（记中学、悟中学）。外部学习活动包括实际应用与迁移、讨论、动作训练、交流、制作、实验等（做中学）。

学习能力的表现形式包括基本能力和综合能力。基本能力包括观察、记忆、思维、想象、表达能力等。综合能力包括自学、实际操作、问题解决、创造等能力。

（二）愿不愿学：学习动机的激发

案例：俊秀聪颖的小 S，在升入高中后成绩一路红灯，课间休息时，她从没有在座位上温书学习，她的身影总是出现在走廊里，与好朋友窃窃私语；午休时间，她要么在操场上散步，要么在篮球场边观战。中考成绩不错

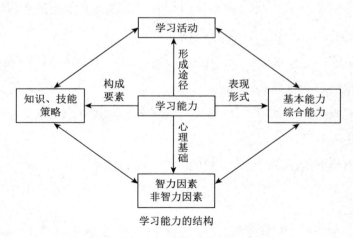

学习能力的结构

图 4-4　学习能力的结构图（毕华林，2000）

的她学习成绩一路下跌，由开始面对成绩的泪流满面，到期中考试的默然表情，似乎她已经认可自己的学业水平及学科成绩位置。几次沟通下来，了解到中考目标已经实现的她，不知高中学业将走向何处，更对未来发展没有想过。该案例表明：学习的状态会变化，如果缺失学习目标、动机，就会让学习停滞不前。

1. 动机的实质

动机的内涵：动机是指引发和维持目标导向行为的过程。是否具有学习的内在动机，可能与奖赏加工的神经回路是否被激活、是否出现奖赏效应（越学越想学）有关。多巴胺是这个奖赏回路中的关键神经递质。多巴胺有助于积极情绪、动机与欲望的产生。奖赏有三种成分：喜欢（代表一种情绪，喜欢正在做的事情），想要（代表一种需要，指对未来事情的渴望），学习（代表了求知欲）(Hidi, 2016)。这些成分都与动机有关。

2. 动机激发的条件

德里斯科尔认为要激发学习者的动机就必须满足四个条件，这四个条件可表示为 ARCS（首字母的缩写）。[1]

A 表示注意（attention）：在学习发生之前，首先要吸引学习者的注意并使其参与学习活动。

R 表示相关（relevance）：学习要有效，学习者必须相信所学的东西与其个人目标有关，而且会满足其具体需要。

C 表示信心（confidence）：要想有效学习，不能对所学的内容有畏惧心理，这就是信心问题。

S 表示满足（satisfaction）：要让学习者有持续的学习欲望，学习必须使学习者产生一种满足感。

关于该模型所建议的激发动机的教学策略，请见下表：

---

[1] 德里斯科尔.学习心理学：面向教学的取向 [M].王小明，等译.上海：华东师范大学出版，2008.

表 4-5 ARCS 模型所建议的激发动机的教学策略

动机成分	相应策略
引起并 维持注意	1. 通过运用新奇或意想不到的教学方法吸引学生的注意 2. 用可唤起神秘感的问题来激发持久的好奇心 3. 通过变化教学呈现来维持学生的注意
促进相关	4. 通过阐明（或让学生确定）教学如何与个人目标相关以提高对有用性的知觉 5. 用自学、领导和合作的场合来提供将学习者的动机和价值观加以匹配的机会 6. 通过在学习者原有经验基础上进行教学来增加熟悉感
树立信心	7. 通过澄清教学目标和目的而创设一种积极的成功期待。此外，允许学习者设置自己的目标 8. 给予学生成功完成挑战性目标的机会 9. 让学习者合理地控制自己的学习
产生满足	10. 通过给学习者提供运用新学得技能的机会以引起自然后果 11. 在自然后果缺失时，可以运用积极后果策略，如口头表扬、真实的或符号性的奖励 12. 通过保持一致的标准并将结果与期待相匹配而确保公平

3. 动机与积极的学习循环

积极的学习循环包括六要素：投入任务中，开始行动；体验成功、成就感，积极的反馈导致多巴胺的释放；想再行动一次，预期导致多巴胺释放；行动导致神经元的连接，并构建回路；神经回路的髓鞘化提高了学习效率，导致能力的形成；能力导致成功感，并激发了进一步行动的动机。积极学习循环位于关于动机与学习的最优情境的神经科学模型中的第 3 个水平。该模型共有 6 种水平，代表与大脑发育相应的需求提升。水平 6：极富热情与兴趣的学习者；水平 5：自主，掌控，享受；水平 4：对学习或思维的信念；水平 3：六个要素的积极学习循环；水平 2：可达到的挑战水平；水平 1：安全、最适合的压力，与教师的连接（Hohnen & Murphy，2016）。由此可见，要促使学生成为极富热情与兴趣的学习者，是一个动机水平不断跃迁的过程。

4. 动机与心态

你相信你能成功的力量有多大？——来自斯坦福大学心理学家德韦克

成长型心态和固定型心态研究的启示。德韦克专门开发一个网站（www.
mindsetworks.com），专题介绍成长型心态的研究成果。在体育运动上，一
个人是否有成长性心态，可以看得一清二楚。拥有固定型心态的年轻人会相
信："我在体育运动中的能力是一定的，不管怎么努力，我都无法取得多大
提高。""运动能力是天生的。要想体育好，就得有天赋。"相比之下，具有
成长型心态的年轻人会认为："只要我努力训练，我的体育成绩总能不断提
高。""要想在体育运动中成功，我需要学习各种技巧，并经常练习。"持有
成长型心态的人认为：心理训练能够使他们的大脑变得更为聪明——就像运
动员通过训练使得他们的身体变得更强壮、速度更快一样。他们总是通过学
习新的解决问题的办法来更聪明地工作，这样就进一步提升了他们大脑的功
能。在教学中如果要培养学生的成长型心态，教师就要建构一种成长型课堂
环境，不能在课堂上给学生设限，应通过积极反馈、引发正向思考等让学生
觉得自己通过付出、努力是可以变得更好的。

（三）会不会学：学习策略的优化

1. 学习策略的定义

学习策略是指学习者在学习活动中有效的学习规则、方法、技巧及调控
方式，其目的在于提高学习的效率。学习策略既包括用以提高学习效率的具
体的学习方式方法，也包括对整个学习过程的监控、管理活动。在解决复杂
问题时，一般是对多种策略的组合运用。

2. 学习策略的分类

关于学习策略的分类，许多学者提出了不同的分类方法与分类结果，还
没有一致的结论。在此，主要介绍吴增强（2012）关于学习策略的分类的
研究。

（1）认知加工策略

这是指学习者对学习材料的信息加工策略，包括复述、组织与精制加工
等策略。也有人称它为内部学习方法。

复述策略。为保持信息对信息进行多次重复。如打电话之前背电话号码

就是复述（将号码保存至工作记忆即大脑的"缓存"，但难进入长时记忆）。其他复述的策略包括：画线（如背诵一篇较长的课文，通过画线可以突出重点信息，忽略一些次要信息，以减少记忆的负荷量）；概括（如阅读中，提炼每一段的主题句）；口述；抄写；应对位置效应（文章的开头和结尾的信息更容易记住，中间部分需要加强记忆）。研究表明，适度、科学的测试不仅是评估工具，也是高效的学习策略。测试不仅能巩固长时记忆，还能促进新知识的学习（Yang et al., 2021）。

组织策略。组织，即将学习材料形成有组织的结构以便长久保存。如小学低年级语文中，按偏旁结构归类识字。小学数学中从横向上将教材知识归为"数与运算""方程与代数""图形与几何""数据整理与概率统计"，进行单元教学设计等都体现了组织的思想。组织策略还包括列提纲、画图（如思维导图）、画表格、概括和归纳等。组织的实质是将有共同特征或性质的知识"打包"，以减少记忆的负担，留置记忆容量，提高记忆效果。

精致策略。精致，又称精细加工，对记忆的材料补充细节、举出例子、作出推论，或使之与其他观念形成联系，以达到长期保持的目的。例如，中学生记忆陈胜、吴广在公元 209 年领导农民起义，他想象两人"领" 900 个农民起义，"两人领 900 人"这个观念与"209"建立了联系。精致策略还有自我提问（经常问一问新的知识与先前的知识有何联系与区别）、首字联词法、视觉联想法和关键词法等。

（2）学习管理策略

学习管理策略指学生对学习活动的组织安排、具体方法运用等，又称为外部学习方法。研究表明，学习管理策略与学生学业成就密切相关。具体策略包括学习计划与时间管理，预习与复习，听课与记笔记，等等。

（3）自我调控策略

又称元认知策略，主要是指学习者对其使用的基本的或支持性学习策略的监控、评价与调节。值得一提的是，这一策略对学习者学习效率的影响越来越受到人们的关注，已经形成一种专门的学习策略理论体系——自我调节学习。

3. 学习策略的训练过程与方法

学习策略训练的一般过程是三个阶段：陈述性阶段（知道怎么做效果好）、初步应用阶段（根据策略的执行程序做事）、熟练阶段（自觉、主动地运用策略，但策略一般不是自动化的，还是受意识监控的）。

当然，以上的学习策略主要是从学习者自身心理资源的调用、对内的组织技能角度来看的。其实广义的学习策略还可以包括环境的管理、外在资源的利用。比如学习环境的管理（如寻找安静的学习场所等）、寻求他人的支持（如寻求教师、同学的帮助，尝试合作学习等）。此外，随着研究的深入，学习策略也不限于以认知、元认知策略为主的认知类策略，有的学科的学习还需要情感策略、交际策略。由此看来，具体的学习策略也会因学科的不同而各有侧重、丰富多彩。在这方面，2017 年教育部颁布的《高中英语课程标准》对此作了很好的论述。

三、对学生"学业指导"的总体建议——倡导积极学习

注重应用科学理论：多了解、学习心理学规律、积极心理学，理解学生的多样化学习特点，落实因材施教。

注重学业情绪辅导：关注学生认知能力发展的同时，关注积极情绪感受与安全体验，发挥积极情绪对认知的促进功能，同时预防厌学、拒学问题。

注重学习能力培养：强化综合学习与学科实践，在"记中学"的基础上探索"做中学、用中学、创中学、悟中学"，注重知识的关联与结构化，指导学生将知识、技能转化为解决问题的素养。

注重学习动机激发：指导学生从已有进步和未来预期中获得满足、激发动力，将外在动机转化为内在动机，提升学习的主动性与内驱力。

注重学习策略优化：指导学生掌握必要的认知策略，学习管理策略和元认知策略，优化学习方式，从"学会"走向"会学"。

所有教师应遵循学生积极学习的规律，探索用优质的教学助推学生的发

展，用自身的研究与实践为基础教育高质量发展作出贡献。

本章小结

　　本章分四个部分对积极心理品质的相关问题进行了系统论述。第一，从积极心理品质的重要理论依据、新时代教育方针指引下的积极心理品质培养的作用对积极心理品质的基本问题作了概述。第二，围绕积极心理品质培养的重点——心理弹性培养进行了深度探讨。包括心理弹性的理论基础（心理弹性的内涵、心理弹性研究的代表人物、心理弹性研究的四次浪潮的回顾与展望、心理弹性的测量工具、心理弹性的基本共识及其对青少年发展的启示），心理弹性的开发路径（青少年心理弹性的作用机制、心理弹性的培养途径），培育心理弹性的实践案例。第三，探讨了应对压力与逆境的积极心理资源——心理资本的相关问题，包括心理资本的实证研究、青少年心理资本的开发与干预策略。第四，探讨了高效学习的积极心理支撑，推动积极心理品质真正为学生积极学习与发展服务。在充满不确定性的时代，引导青少年形成积极心理品质，将有利于他们迎接挑战、积极适应，夯实其成人成才的心理基石。

第五章　建设积极的组织系统：
学生积极发展的第三大支柱

　　塞利格曼曾经反思，在积极心理学的三大支柱的研究中，最缺乏的是第三大支柱的研究，即积极的制度、组织、社区研究。积极的组织系统是让个体获得积极体验、培育积极心理品质的重要条件与环境支持。个体与多层组织系统之间是动态交互的关系，相互塑造。校家社协同联动、发挥正向合力，是促进学生积极发展的重要保障。

第一节　顶层设计：幸福校园建设

　　幸福校园的建设以积极心理学关于幸福的理论等为依据，从思想、机制、关系、活动、教学、环境、保障上，全面、系统地关注学生的积极发展，为学生发展打造积极的组织系统。

一、从思想上，改变重认知能力、轻非认知能力的倾向

　　社会与情感能力是个体与他人合作中以及情绪管理时所涉及的能力，对人生幸福有重要的影响。美国芝加哥大学伊利诺伊大学的学术、社会和情感学习联合会（Collaborative for Academic, Social and Emotional Learning，简称"CASEL"）认为社会与情感能力包括自我意识、自我管理、社会意识、人际关系技能、负责任的决策，对人生幸福有重要的影响。经济合作与发展组织（Organization for Economic Co-operation and Development，简称"OECD"）借鉴麻省理工学院心理学教授提出的"大五人格模型"（又称海洋模型，因为每个人格维度的首字母恰好组成 ocean 这个单词），建构了社会与情感能

力的测评框架，此框架主要分为五个维度：开放能力（开放性）、任务能力（尽责性）、交往能力（外向性）、协作能力（宜人性）、情绪调节能力（稳定性）。2024 年华东师范大学发布的《中国青少年社会与情感能力发展水平报告》显示，相比 10 岁组学生，15 岁组学生的社会与情感能力、心理幸福感水平不升反降。这反映出建设幸福校园具有重要的现实意义。

国际上对学生幸福感的培养也有系列举措。比如，欧盟和美国创造支持性的学习环境以提升学生的幸福感。为改善弱势学生的学习环境，欧盟资助的"学校健康"计划于 2023 年 4 月在西班牙塞维利亚启动。该计划旨在将学校变成提升学生健康状态的主要场所，在改善学习成果的同时提升健康素养。美国教育部通过中小学紧急救援基金向各州拨款超过 1220 亿美元，敦促地方学校利用这笔资金聘请教学人员、提供个人和小组教学、启动具有影响力的辅导项目、提供高质量的课后与暑期学习项目、使用循证策略帮助学生从疫情中恢复状态。英国等国家注重通过教学恢复学生的情绪与社交。英国政府颁布了促进学生心理健康的八项原则，其中就包括通过课程教学与学习恢复学生的情绪与社交、创造尊重和重视多样性的环境等。此外，英国教育部提供 6.5 亿英镑资金帮助学生改进学习、满足学生的社会和情感需求，要求教育心理健康行动小组为重返校园的教师和学生提供心理支持（宋佳 等，2023）。

OECD 近几年开始关注社会与情感能力的研究与测评，引导全世界人才培养重点的转变，注重培养认知、社会与情感能力平衡的全面发展的人才。重视积极情绪力量，引导学生通过游戏、运动、投入适切的学习任务、从事富有精神追求的活动、与人积极互动、帮助他人等途径，建构心理韧性等心理资源，使其内心强大而充满温情。

积极的生命情感会激发人的爱心、引发朝气蓬勃的生命状态，消极的生命情感则会导致对他人的漠视以及自我生命的沉沦。爱是最核心的积极情感。顾明远先生认为，"没有爱就没有教育"。他还指出，真正爱孩子是要为他们将来的幸福、长远的幸福考虑。为了让学生获得人生幸福，应该让爱充盈于同伴之间、师生之间、亲子之间。

二、从机制上，依托全员育人加强对学生成长的关心关爱

机制是从组织内部出发，通过激活系统、调整结构、撬动资源等方式进行，注重问题解决，并能持续起作用。

在山东省青岛中学的小学部，学校设计并发行一种"代币"，叫时光币，学生可以通过平时的行为表现和学习表现，从教师那儿获取时光币的奖励。这个时光币具有使用功能，可以在学校举行的校园集市、学习产品博览会、"六一"活动和年度狂欢节上购买物品。学校初中学部设计了"青蓝荣誉勋章"，学生可以通过学科课程和德育课程的优秀表现，获得相应的积分，积分达到一定数量可以转换成相应的勋章，不同的勋章可以转换成相应的权利，比如，选择导师的优先权、增加选课的成长星、游学线路的优先权、有资格申请荣誉自习室和荣誉考场等。学校对学生成长激励机制的设计逻辑，不是直接对学生的优秀表现进行物质奖励，也不是只有空洞的精神奖励，而是让学生通过自己的努力和表现，获取相应的权利，从而激发学生的成长内动力。学生越自律，就越自由。学校是一个系统，这个系统的运行需要动力。学校组织系统的运行机制在其中发挥了很大的作用，通过自主选择、客户评价、双向监督、合作竞争、成长激励等机制，产生内在动力，从管理走向服务，从管控走向自觉，实现学校组织系统高效自主运转，让学校管理充满实践智慧和教育温度。

2023 年 7 月 19 日，上海市教委发布了《上海市中小学生全员导师制工作方案》。该文件规定了关键职责：导师关键职责包括成为良师益友和做好家校沟通。一是成为良师益友。导师要与学生建立尊重平等、相互了解、亦师亦友的师生关系，面向学生提供陪伴式的关心关怀和成长支持，适时适当地开展理想、心理、学习、生活、生涯规划等方面的指导，同时促进学生间的同伴互助。二是做好家校沟通。导师要与学生家长建立真诚互信、相互支持、紧密合作的协同关系，通过家校沟通和家庭教育指导，引导家长树立正确的教育观念、掌握科学的教育方法、构建和谐的亲子关系，为学生的健康

成长和全面发展创设温馨的家庭环境。

在导师制推进过程中，导师需要落实的重点工作——导师对学生发展指导包含三项重点工作：学生家访、谈心谈话和书面反馈。学生家访：导师应根据学生的实际情况，每学年至少进行 1 次家访，全面了解学生成长的家庭环境，开展个性化的家庭教育指导。谈心谈话：导师应了解学生实际需求，经常与学生谈心谈话，尤其在开学、毕业、考试前后和学生生活发生重大变故等重要时间节点，开展针对性指导，对需要进一步专业支持的学生，应及时与学校相关部门沟通。书面反馈：导师应挖掘学生"闪光点"，提供成长建议，每学年结束时向学生及家长进行书面反馈，增强学生的成长动力。

华东师范大学刘世清教授（2023）认为：全员导师制开启育人新思路。上海率先实施中小学生全员导师制，为进一步落实立德树人根本任务、推动高质量教育体系建设提供了新思路、新机制：在教育功能上着眼于强化学生发展指导，有利于进一步完善学校的教学、管理和指导的全面育人职能；在育人方式上着眼于强化教师对学生的关心关怀和陪伴指导，有利于进一步转变教师工作角色，从育分转变为育人，全面提高教师育人意识与能力；在育人机制上着眼于强化家校沟通，加强导师与家长的真诚互动、相互支持，有利于进一步健全家校协同机制，提高育人的针对性和实效性。

上海市黄浦区教育学院梅洁副院长（2024）带领工作室成员依托工作室研修的项目"全员导师制背景下的教师心育能力的提升"，即以全体导师心育能力提升为目标，以导师心育课程的开发和建设为载体，希望通过工作室资源的整合，形成立足校情学情的关注导师心育能力提升的心理健康教育系列课程，关注导师心育能力课程的系列化推进，关注实践成果的可推广性和可借鉴性，以期促进区域心理健康教育学科专业化水平的提升，促进学校心理健康教育有效性的整体提升，促进学生心灵的健康发展和终身幸福成长。

三、从关系上，以积极师生互动促进学生心理幸福感的提升

师生关系作为学校生态系统的核心要素，对学生的心理健康与幸福感具

有深远影响。积极心理学研究表明，高质量的师生互动能够为学生提供情感支持、增强心理韧性，并促进其积极心理品质的发展。当学生和教师之间建立起信任、尊重和合作的关系时，学生的自尊心、自信心和学习动力都能得到有效提升（游旭群，2024）。学生感知到的教师自主支持越多，学生会赋予生活目标更大的价值并且增加将来实现生活目标的信心。那么如何构建良好的师生关系呢？游教授提出首先教师应具备健康人格，率先垂范，而后才能让学生接受其教育影响。其次，教师应更新教育观念和方法，树立尊重、真诚、平等的理念，关注和倾听每个学生的需求和想法，建立良好的信任关系和合作关系。同时，也应积极转变教学方式，让学生自由发挥创造力和想象力，创造一个良好的师生互动环境。再次，教师应加强与学生家长的互动沟通，共同关注学生的健康和发展，特别是对心理有困惑的学生，应及时帮扶和干预，呵护学生健康成长。

上海市浦东新区观澜小学聚焦"师生共读"的主题，以共读书籍为纽带，搭建起师生间深层次交流的平台。通过"共同阅读＋互动分享"的形式，学生学会了更好地表达和管理自己的情绪，师生关系更加亲密，学生更愿意向教师倾诉自己的烦恼，师生们携手开启了一段结合教育与成长的心灵之旅。

全员导师制的建立与开展也创造了新型的师生关系，一名教师带领多名学生就思想、学业、心理、生涯等方面进行全方位的指导与交流，学生可以就任何遇到的困惑与导师谈心，实现对学生个性化的支持。上海市卢湾高级中学导师带领受导学生 Citywalk（城市漫步），先是参观"一大会址"，然后到复兴公园散步，接着在思南书局阅读，不仅深入了解了卢湾的历史风貌，边走边聊的过程也增进了师生情感，了解学生更多的家庭情况和内心想法，这样的形式和师生共行的过程无疑可以提升学生的身心健康。

四、从教学上，在学科教学中关注学生情绪感受与回应

传统教学往往过于注重知识传授和技能训练，而忽视了学生的情绪感

受。然而，情绪在学习过程中扮演着至关重要的角色，它影响着学生的认知加工、学习动机和学业成就。近年来，越来越多的学者和教育工作者开始关注学生的情绪感受，并倡导在学科教学中融入情感教育。首先教师应树立情感教育的理念，将情感教育融入学科教学的各个环节，其次在授课过程中创设积极的情感氛围，关注学生的情绪变化，并给予积极的回应，帮助学生形成积极的情感体验，促进学生的认知发展和社会情感能力的提升。刘宣文（2023）认为，被善待、被肯定、被接纳是儿童的共同需求，应鼓励孩子积极、健康的行为，并看见消极行为背后的积极意义。被忽视、被否定、被拒绝是儿童产生适应不良的原因。他主张要看见学生，看见学生的具体行动，包括接纳情绪、维护自尊、赋能优势、给予希望。

2022 年 2 月 28 日，清华大学教育研究院院长石中英教授在“人文清华”讲坛发表演讲《分数之上》中提到的一个案例：我在网络上看到一则消息，北京一所学校有一个学生上英语课迟到了，教师让他用英语解释迟到的原因，这个学生说：“My grandpa is dead.”（我的爷爷去世了。）教师一听第一反应是帮他纠正语法错误，说：“应该用 was dead，不是 is dead，请你再

在课堂上为学生提供“成长型环境”

核心问题	固定型环境	成长型环境
1. 有效课堂学习的评价标准	得高分	不断地挑战自己和成长
2. 学生在课堂活动中遭遇困难	批评并为学生设限	鼓励学生，帮助学生关注策略，及时求助
3. 学生在课堂活动中遭遇失败	为学生降低标准	鼓励学生，帮助学生关注自己的进步和优势，和学生沟通并教授策略
4. 夸奖学生什么？	正确答案	挑战、创新和修正的过程
5. 课堂结束前先做什么？	布置作业或下课	学生的反思和总结
6. 在学生的反思和总结后做什么？	布置作业或下课	教师对学生的反思和总结进行反馈，并提出可以改进的方向
7. 学生在作业中犯错了怎么办？	指出错误和不足	指出错误和不足、教授修改策略，以及表达积极的期待
8. 作业和考试的分数设置	每次的分数均是最终分数	可以修改并重新提交

(Hecht et al. 2021, [illegible] 2022)

图 5-1 在课堂上为学生提供成长型环境的思路

说一遍。"这种情形说明，在这个教师看来，正确地使用语法比安慰学生失去至亲的悲伤更加重要。该案例反映了部分教师对学生在特定情境下的心理需求的不敏感。

林丹华（2023）提出了建构成长型课堂的实践建议，具体操作要点见图 5-1。

上海市黄浦区创建区本课程"积极成长·幸福课程"，围绕幸福学的理论，构建四大模块：积极个人优势、积极情绪、积极人际关系和积极成长，并围绕板块内容进行教学实践，培养学生的情绪感知能力和表达能力，促进学生积极成长，获得幸福并实现人生价值（钱锦，2021）。

表 5-1 "积极成长·幸福课程"内容与目标（以上海市黄浦区为例）

课程内容	课程目标
积极个人优势	引导学生发现与利用个人优势和特长，挖掘自身潜能
积极情绪	引导学生保持乐观的人生态度，充分感受过去、现在、未来的积极情绪，积聚和释放幸福的正能量
积极人际关系	促进学生掌握有效沟通的方法和技巧，建立和谐的人际关系
积极成长	引导学生学会从挫折和困难中汲取成长的力量，珍惜生命、热爱生活，激发学生的内在动力，促进学生实现人生目标

五、从活动上，组织开展增强学生积极体验的实践活动

各校可以以五育融合促进心理健康为导向，开展心理健康主题活动、文体活动、社会实践等贴近学生实际的、满足学生需求的多样化活动。在开学、期末及重要考试前等时间节点，适时开展相关心理疏导与减压活动。依托共青团、少先队、学生会及学生社团等，开展同伴教育和互助活动。

（一）基本内涵

活动是为达到某种目的而从事的行动。学校心理健康教育主题活动是指学校以发展性心理辅导与积极心理学理念为导向，围绕学生的成长需求及凸

显问题，结合实际，面向全体学生开展的有目的、有计划的心理健康教育行动。活动的目的包括：宣传普及心理健康知识，引导学生自我探索，提升学生自助互助意识和能力，培育学生积极心理品质，开发学生心理潜能，提升学生心理健康素养。活动的基本定位：心理健康教育主题活动是心理健康教育的重要途径之一，是对心理健康教育课的补充，实施的条件与门槛不高，能在所有学校开展，能面向全体学生实施。

（二）政策依据

《中小学德育工作指南》（教基〔2017〕8号）规定：心理健康教育成为德育的五大内容之一。育心与育德是相融合的，唯有以心育人，方能立德树人。活动育人成为六种育人途径之一。教育部《中小学德育工作指南》对活动育人的要求："要精心设计、组织开展主题明确、内容丰富、形式多样、吸引力强的教育活动，以鲜明正确的价值导向引导学生，以积极向上的力量激励学生，促进学生形成良好的思想品德和行为习惯。"

教育部办公厅《关于加强学生心理健康管理工作的通知》（教思政厅函〔2021〕10号）强调四重管理：源头管理、过程管理、结果管理、保障管理。其中，源头管理包括中小学要将心理健康教育课纳入校本课程，同时注重安排形式多样的生命教育、挫折教育等。大力培育学生积极心理品质。充分发挥体育、美育、劳动教育以及校园文化的重要作用，全方位促进学生心理健康发展。严格落实开齐开足上好体育课和美育课的刚性要求，积极推广中华传统体育项目，广泛开展普及性体育运动和丰富的艺术实践活动，结合各学段特点系统加强劳动教育，吸引学生积极参加各种健康向上的校园文化生活和学生社团活动，切实培养学生珍视生命、热爱生活的心理品质，增强学生的责任感和使命感。

（三）理论基础

心理健康教育活动的传统心理学理论依据比较充分，有多种理论依据。比如，皮亚杰、列昂节夫、勒温的相关理论；课程理论（现代活动课程理论，后现代课程观）；新兴的心理辅导相关理论依据（发展性心理辅导，表达性艺术辅导）；现代心理学依据（积极心理学）；传统文化中的根源：王阳明的知行合一学说。

库尔特·勒温的团体动力学理论。该理论表明，在团体活动中，团体内聚力的形成，有助于团体成员安全感的满足及对团体的认同感和归属感的产生。该理论的启示：安全感、认同感、归属感等积极体验、感受是学生心理健康的重要保护因子。可以将增进这些积极体验作为学生团体心理健康教育活动的目标。

现代活动课程理论。从分类来看，课程可包括学科课程与活动课程。现代活动课程理论的发展为中小学心理健康教育主题活动提供了直接的理论基础。以杜威为代表的进步主义教育学派，针对传统教育以"教师、课堂、教材"为中心的弊端，强调以儿童的兴趣和需要为出发点，以"学生、活动、经验"为中心，通过学生自主的实践活动，促使学生在获得直接体验和直接经验的过程中不断发展。该理论的启示：重视学生在心理健康教育活动中的体验、经验的积累与提升，不机械、直接地传授或灌输知识。

发展性心理辅导理论。发展性心理辅导日益受到广大学校心理健康教育工作者的重视，并以其"预防性"和"发展性"逐渐成为学校心理健康教育工作的发展方向。该模式以全体学生为辅导对象，注重学生心理潜能的开发和人格的完善。该理论的启示：发挥心理健康教育活动在一级预防中的作用。

积极心理学。积极心理学是主要研究人类优势和美德等积极方面的心理学思潮。该理论的启示：在活动中关注学生的优势与积极发展，而不是一味地纠正问题。促进学生在活动中获得幸福体验，实现蓬勃发展。

王阳明的知行合一学说。知中有行，行中有知，超越先知后行或先行后知。致良知就是知行合一。知者行之始，行者知之成。知是行的主意，行是知的功夫（现代版本：想，都是问题。做，才能找到答案）。该理论的启示：在活动中不仅关注学生的认知改变、情绪调节，还要关注学生的行为养成，让学生在积极心理品质发展上做到内化于心、外显于行。

（四）活动类型

按场域来分，心理健康教育活动包括：班级心理健康教育主题活动，校园心理健康教育主题活动，家长与学生参与的亲子心理主题活动，以心理健康教育为主题的社会实践活动。

广义的心理健康教育活动，按形式可分为两种，一是学生心理社团活动：趣味心理游戏、心理广播、心理小实验、心理小讲堂、心理课题探究、心理影片赏析等；二是团体辅导活动：自我意识团体辅导活动、情绪团体辅导活动、人际关系团体辅导活动、学习心理团体辅导活动等。

从已经开展的活动来看，小学可侧重心理绘画、音乐心理辅导活动等；初中可侧重心情故事创作、心理手语操等；高中可侧重校园心理剧、生涯规划与实践等；所有学段都可以开展主题海报设计、主题脱口秀等活动。需要说明的是，任何一种心理健康教育活动的适用性并不限于某一学段，总的活动类型选择的原则是适合的就是最好的。

（五）活动实施

参与者在活动中的成长过程（非线性）：直接感知—亲身体验—个人感悟—表达与分享—转化与应用。组织者关注的实施环节包括活动准备、宣传发动、心理激活、回顾与升华。

活动准备阶段：首先，教师带领学生要认真做好活动所需的人、财、物等方面的准备，关注参与者的心理发展需求，设计活动方案，掌握本次活动的目的、要求以及重点活动项目等；其次，教师要提前向学生讲明活动要求和应做好的准备工作；最后，教师组织学生提前布置好活动的环境。环境条件（如空间大小、环境布置等）会对活动的效果产生潜在的影响，不仅可以对学生的心理发展产生暗示作用，也可以通过环境来投射和表达学生自身的情绪体验。此外，对学生在活动中可能出现的超出常规的认识和行为，教师也应做到有所准备和预见。

宣传发动阶段：心理健康教育主题活动要提高学生的参与度，需要加强宣传与发动。对于囿于现实条件不能覆盖全校的活动，心理健康教育主题活动往往是以活动小组的形式来组织，小组的组织形式直接影响活动效果。分组一般采取自愿结合的形式，这样学生参与的主动性比较高，原则上不要由教师强行分组。

心理激活阶段：活动的主题宜与学生的现实生活相联系。要使活动的内容与学生的兴趣之间建立直接联系，需要教师设置一些有吸引力的情境，满足学生的心理需要，诱发学生的积极情绪体验，提升学生的心理激活水平。学生的心理激活水平，直接影响着心理健康教育活动的效果。在活动中，既可表达消极情绪，也可以培育积极情绪。积极情绪体验会带来一种正向的循环（见图 5-2）。

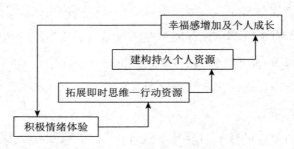

图 5-2　积极情绪的螺旋上升模型

回顾与升华阶段：心理健康教育主题活动的结束阶段，组织者要加强总结，引领大家一起回顾在活动中经历过的心情愉悦的体验，让学生在自己的心理发展和积极的情绪体验之间建立起紧密的联系；在活动之后，教师对活动的经验、特色、成效、不足进行总结，在活动的目标和意义上有所提升，对活动的影响给予方向性的、符合社会主流价值观的正面引导。有条件的话，可以在一定范围内组织一些总结表彰活动，奖励先进团体或个人。

（六）活动评价

对心理健康教育主题活动进行评价，可以及时发现、纠正存在的问题，提炼值得借鉴的经验，为参与者提供即时反馈，全面促进中小学心理健康教育活动的理论创新和技术改进。评价主体的多元化是现代教育评价的重要特征，教师、学生和专家都可以成为心理健康教育主题活动的评价者。

教师自我评价：一般教师自我评价要在活动结束后及时进行，做到尽量客观、准确，这样教师的自我评价才能达到自我反省、自我提升的目的。

学生评价：学生评价具有直接性、广泛性的特点。学生的反馈信息可以通过问卷调查方式来搜集，最好是匿名的，这样可以获得更准确的信息。学生评价心理健康教育主题活动，主要包括两个方面：对活动进行评价和对自身进行评价。可请学生对主题活动的内容、形式、效果等进行评价，为改进活动提供依据。学生自身评价包括学生通过参与活动后在认知、情感、行为等方面的变化。

专家评价：可以请专家评阅活动方案与总结材料、现场观察活动、多方面了解反馈意见，对活动的理念、实施和效果等作出全面的评价。专家评价具有较强的专业性，可以对活动育人的效果作出权威的评价。

（七）未来展望

对象：扩大覆盖范围；特色：打造品牌活动；选题：关注热点话题；内容：提升专业含量；形式：创新活动形式（如线上线下相结合，与文体等其他活动融合）；评价：注重技术赋能。

在推进教育教学、实践活动、咨询服务、预防干预"四位一体"的心理健康教育格局的形成过程中，心理健康教育主题活动不可缺席，许多学校在这方面已形成特色。

以上海市光明中学为例，学校以"五育并举"协同促进学生心理健康，以"塑美好人格　享幸福人生"为主题，推进心理校本课程建设、"幸福光明"心理主题活动、心理明星社团，打造具有品牌特色的校园文化活动，为学生的终身发展和幸福人生奠定基础。2023年以"幸福光明　闪耀人生"为主题开展心理健康教育季活动，设计与开展玩转"幸福盲盒"和打卡"幸福周历"活动，见表5-2（崔文倩，2024）。

表 5-2　光明中学心理季活动"幸福任务"示例

幸福任务	捡一片好看的树叶，夹在书本里保存起来，留住美好
	用录歌软件录一首自己唱的歌曲
	自己选择一天，一个人慢慢地逛完一条不熟悉的街，感受平日生活里可能没有体验过的片段
	独自一人观察日出／日落，感受天色的变化
	在一天之内，大胆地表达自己的想法和观点，找到真实的自己
	和家人互相画一幅对方的肖像画，看看对方眼中的你是怎样的
	选择语文书上的一篇文章，根据文字描述画一幅配图

该活动的设计意图是希望学生学会发现在生活中提升幸福感的方法，通过游戏挑战让自己与自己、家人、朋友、教师发生联结，感受幸福瞬间。

幸福周历活动旨在帮助学生找到自己身上的特别之处，寻找与过去的联结，探索现在，期待未来。学生通过周历打卡，完成了自我探索、职业生涯探索、正念练习等相关内容，见表 5-3（崔文倩，2024）。

表 5-3　光明中学心理季幸福周历活动

周_____	在校园中找到一抹令你喜欢的红色	它是什么	画下它的样子：	你喜欢它的理由：
周_____	用 3 分钟时间品味一块巧克力／糖果，越慢越好，细细品味，撑足时间	它吃起来与平时有何不同	它的味道对你来说需要做一些调整吗	感受它在你嘴里的形状变化过程，试着画下来
周_____	翻看通讯录，寻找一位很久未曾联系的友人／师长，给他发去一句问候	你们曾经最深刻的回忆是什么	你怎样开的头	送出问候的你，有何感受
周_____	翻开一本文学类书籍，摘抄其中一句令你欣赏的句子	它说了什么	你联想到什么	你脑中的画面是怎样的？画下来
周_____	选择一个你最喜欢的汉字／外文词，练习 10 次，把最好看的版本写在下方	一笔一画，慢慢写	你喜欢它的什么	与这个词有关的，你联想到什么人或事

（续表）

周 _____	不考虑现实因素，你（曾经／当下）最想考进的一所大学	画出它校门的样子	你最想学习这所大学的哪一个专业	不考虑现实，毕业后你最想从事什么
周 _____	自创幸福体验	你做了什么	与谁一起? 在哪里	有怎样的感受

六、从环境上，创设友善、温暖的校园氛围、班级氛围

根据中共上海市教育卫生工作委员会、上海市教育委员会关于印发《关于推进上海市中小学"温馨教室"建设的指导意见》的通知（沪教委德〔2008〕56 号）精神，"温馨教室"是指以班级为组织形式的民主、温馨、和谐的教育环境，是超越物理空间的、由师生共同营造的、能满足师生合理需求的、为学生全面健康成长和教师发展而创造的教育环境。建设"温馨教室"，主要包括以下四个方面的内容。

（一）"温馨教室"的人际环境

人际环境，主要是指良好的教育教学关系，既包括教师和学生的关系、学生和学生的关系，也包括教师和教师（更多的是指班主任和任课教师）的关系。在班级人际环境建设中注重"平等、公正，真诚、互助"，力求达到"沟通协调讲诚信、人际交往见真情"的最佳状态。倡导师生、生生、师师之间，在平等、公正的基础上，做到互相爱护、互相帮助、诚信交往、真情相处。

（二）"温馨教室"的课堂教学环境

在课堂教学中倡导以课程内容为中介的师生共同参与的教学相长的教学活动，使课堂教学成为学生体验知识创造、积极情感的过程。教师的教风和学生的学风是校风的重要组成部分，也是师生整体精神风貌的具体反映。在课堂教学环境建设中注重"勤勉、笃学，活跃、宽松"，力求达到"教风学风要严谨，求索创新入佳境"的课堂教学最佳状态。

（三）"温馨教室"的自身心理环境

健康的人格有利于教育环境的和谐、温馨，和谐、温馨的教育环境有利

于促进健康人格的发展。在自身心理环境建设中注重"自信、自尊，平和、达观"，力求达到"自我意识能稳定，顺境逆境好心境"的最佳状态。鼓励教师实现人生价值，有效带领学生走向成功。

（四）"温馨教室"的物质环境

温馨是个体内心的体验，温馨的体验离不开温馨的物质环境。温馨的物质环境更多地应表现在环境的人文功能建设上，要坚持以人为本，使环境为师生服务，环境为师生所需。在教室物质环境建设中注重"安全、舒心，美观、宜人"，力求达到"硬件设计讲人性，环境布置显温馨"的最佳状态。引导师生以人际关系的安全感为重，共同打造生存和发展的最佳空间。

"温馨教室"的建设主要有四个方面的重点：一是把握师生、生生关系的和谐、互动，班主任、任课教师、学生之间相互尊重、真诚互助，集中展示各自的人格魅力和才华，营造师生共同成长的精神家园。二是营造良好氛围，面向所有学生和教师，以班级建设为基础，挖掘课内外文化内涵，促进师生人格和心理的健康成长。三是传承优秀文化传统，跟上时代步伐，在诸多的和谐关系中重视自身的和谐，在潜移默化中实现师生共同的价值追求。四是拓展育人载体，充分利用地域文化资源的熏陶、家长委员会的作用、学校校外辅导员的力量，覆盖课内、课外两个领域的建设，挖掘课内外文化育人内涵，促进素质教育的深入实施。

七、从保障上，以教师自身心理健康引领学生健康成长

教师的劳动含有大量的人际互动和心理资源消耗，不同于纯粹的体力劳动或脑力劳动，是一种心力劳动或情绪劳动，是第三种劳动。教师是在教书育人上操心的职业。教师的情绪劳动是指在教育教学中对自己的情绪进行必要的调节和管理，以表达出教师专业与职业所需要的特定情绪的过程。正因为教师在教育教学、家校沟通中有较多的情绪消耗，因此教师要加强自我关怀。

自我关怀是指当个体面对压力、失败或痛苦时，对自我秉持的一种理

解、接纳和不批判的态度（Neff, 2003）。自我关怀包括三个要素。一是正念：注意当下正在发生的事情，而不是说它是好是坏。二是共同人性：要记住所有人在生活中都会经历相似的情绪和问题。三是自我善待：对自己表达善意和支持。比如，可以在安静的时候，通过蝴蝶拍让自己情绪稳定下来，具体操作方法为：双手交叉放在自己的胳膊或肩膀上，以 1 秒为单位轮流轻拍自己的胳膊或肩膀，持续多个轮回，直至自己的情绪平静下来。

第二节　系统推进：教育生态优化

在教育生态系统对学生心理发展影响的研究方面，有很多权威的理论，如生态系统理论、交叠影响域理论。布朗芬布伦纳等提出的生态系统理论认为个体嵌套于多层级环境系统（如家庭、学校等微系统，家庭与学校之间的互动等构成的中系统，外系统，宏系统）中，这些环境系统与个体相互作用，并直接或间接地影响着个体的发展（桑标，2008）。爱普斯坦提出的交叠影响域理论既强调学校、家庭、社区间通过各自的影响力促进学生发展，也强调利用三者交叠产生的合力共同促进学生发展（唐汉卫，2019）。当前，促进学生心理发展的社会协同力还有待提升，这就要从更大范围内，特别是校外环境，系统推动教育生态的积极变化。

一、优化家长的教养方式：建立积极的亲子关系、提升家庭功能

研究表明，和谐的人际关系是青少年心理健康的保护因素。其中，积极的亲子关系是基石，相互支持的同学关系以及平等尊重的师生关系是两翼（傅小兰等，2021）。从构建良好的亲子关系、家校关系的角度，家庭、学校需要追求以下目标：

第一，减少亲子冲突，改善亲子关系。在家庭生活中，由于父母与孩子在观念、习惯、行为方式等方面存在差异，亲子冲突难以避免。但要防止长期的亲子冲突给孩子带来关系型的创伤。需要指导家长通过科学地教养、父

母自身情绪的调适、积极的亲子沟通、良好家庭氛围的营造、高质量的陪伴等途径来使孩子在日常家庭生活中获得安全感、归属感、效能感、自主感，从而助推积极亲子关系的建设。

第二，家庭充分履行关注未成年人心理健康的法定职责。家长要在《家庭教育促进法》的框架内履行家庭教育的法定责任。家庭教育是学校教育和社会教育的基础，应当关注未成年人的生理、心理、智力发展状况，尊重未成年人身心发展规律和个体差异，关注未成年人心理健康，教导其珍爱生命（全国人大常委会，2021）。家长根据孩子特点，切实做好孩子心理健康的监护者和促进者，积极开展亲子活动，理性确定对孩子的成长预期，以身作则，帮助孩子养成良好的睡眠、运动、饮食及网络和电子产品使用习惯，减少不良生活习惯对孩子心理健康的危害。完整的家庭教育包括子职教育，家长要引导孩子逐渐学会对自己的心理健康负责。倡导家庭成员相互关爱，形成符合自身和家庭特点的健康生活方式（全国人大常委会，2019）。家长要积极参加学校组织的家庭教育指导和家校互动活动，及时主动向学校沟通子女在家中的思想情绪、身心状况和日常表现，形成良性双向互动（教育部等十三部门，2023）。相关部门要强化对家长自身情绪调控、亲子沟通等方面的指导，最大限度地减少因亲子冲突、关系型创伤给孩子带来的心理伤害。针对家庭监护缺失、家长严重失职失能等情况的家庭，由民政、妇联、社区、街道联合组织社工进家庭和开展社会化家庭教育指导等服务。倡导"家庭成员履行自身健康第一责任"，推动家庭做到"家庭成员心理健康，适应社会发展，有压力时能向家庭成员倾诉，能有效调解家庭矛盾"（国家卫生健康委办公厅等，2024），为青少年发展营造良好的家庭环境。

第三，加强家庭教育指导服务。推动中小学、中等职业学校建立健全家庭教育指导委员会、家长学校和家长委员会，将心理健康纳入重要宣教内容，每学期组织家庭教育指导活动，引导家长提高心理健康意识，重视学生心理健康，增强教育引导、防范化解、疏导压力等方面能力，履行家庭教育主体责任。学校要密切家校联系，及时与家长沟通学生居家和在校期间表现，协同做好心理健康工作。对家校协同存在特殊困难，需要重点关注的学生，学校要完善工作机制，组织班主任、辅导员、任课教师等力量"一对一"结对帮扶，加强关心爱护。研制中小学（幼儿园）家长学校课程资源，建立家庭教育指导讲师团。研制家校协同工作手册，完善心理健康家校会商制度。开展家庭教育宣传周等活动。

二、建设清朗的网络环境：预防网络欺凌，防治网络沉迷，做好个人网络信息安全保护

共青团中央维护青少年权益部、中国互联网络信息中心 2023 年 12 月发布的《第 5 次全国未成年人互联网使用情况调查报告》显示：2022 年初中生、高中生的互联网普及率为 99.1%、99.3%（共青团中央维护青少年权益部等，2023）。由此可见，青少年基本实现"无人不网"。网络社会的迅猛发展，为人们的工作生活带来了巨大的便利，也极大地影响了人们的行为和心理（朱廷劭，李昂，2013）。互联网对青少年的学习与生活方式、交流手段产生了重要影响，适度、合理的网络使用有放松身心、辅助学习等积极功能，但过度、不当的网络使用则会对青少年产生不良影响。研究表明，在互联网迅猛发展的信息时代，互联网对青少年的负面影响不断增强，例如，网络的过度使用会造成青少年的价值观迷失、道德失范、人际交往障碍、角色认知失调等，严重者网络成瘾（雷雳，2016）。此外，由于网络本身具有的匿名性、便捷性、空间穿越、时序弹性等特征（雷雳，2016），部分青少年在现实环境下不表露自己的负面情绪，但会在社交网络、社交媒体上表达自己的情绪情感甚至危机信号，这给青少年心理危机干预工作提供了新的线索。青少年心理问题具有一定的隐蔽性，仅靠线下的工作难以做到早发现、早预警、早干预。在减少网络对青少年的负面影响的同时，如何利用网络的优势，将之服务于青少年的成长，是一个现实课题。

第一，清朗网络空间，重点清查问题较多的网络游戏、直播、短视频等，开展网络借贷、赌博、诈骗等问题的警示宣传教育，做好网络欺凌

预防、个人信息网络保护、网络沉迷防治，预防网络对青少年的不良心理影响。管控描述行为细节的不当的自杀报道，防止模仿自杀的"维特效应"。

第二，坚持预防为主、关口前移，探索多方参与、线上线下相结合的心理危机预防与干预管理模式。建立教育、公安、卫生健康、宣传、网信、家庭、社会组织等跨部门与跨系统协同、"平时联通、战时联动"的心理危机预防和干预系统，推动人防、物防、技防、医防等多措并举。在确保数据安全和遵守伦理的前提下，探索用新的技术赋能青少年心理危机预防与干预管理，探索数字化心理干预，及时捕捉青少年心理危机信号，开展网上网下监测预警青少年自伤或伤人等危险行为，更好地做到对青少年心理危机的早发现、早预防、早处置，提高心理危机预防与干预的精准性与有效性。

社交媒体使用对学生心理的影响也受到家庭因素的影响。即使对于那些屏幕使用时间比较长的青少年，强有力的父母关系和监督也能大大降低其心理健康问题风险。在父母监督少、父母关系弱的社交媒体使用频率最高的群体中，60%的用户报告自己的心理健康状况不佳或非常差；在父母监督多、父母关系强的社交媒体使用频率最高的群体中，只有25%的用户报告自己的心理健康状况不佳或非常差。在父母关系和监督较差的高频率社交媒体使用用户中，22%的用户表达了自杀或自残的想法；而在父母关系和监督较强的高频率使用用户中，这一比例为2%（Rothwell, 2023）。

三、培育积极的社会心态：减少社会内卷与社会焦虑传递

在健全校家社协同育人机制方面，一个重要的抓手是推动学生心理健康工作的"校家社医"协同联动机制建设，推动学生心理健康问题的协同治理。其中除了家校合作之外，还至少有两项重点工作：一是完善医教结合工作机制。教育与卫生健康部门联合制定并出台医教结合工作方案或文件，构建医教结合的资源共享、队伍共建等长效机制。推动地方建立医教结合协同机制，开展精神卫生医疗机构与地方心理中心结对共建，形成"一地方一特

色"。完善高校医教结合片区工作机制，整合综合医院精神科、心理科资源，建立区域共享互助平台。二是强化危机干预多方协同。联合卫生健康、网信、公安等部门，指导医疗机构、妇幼保健机构、学校、家庭等健全家校社协同机制，督促家长履行法定监护职责，加强物防、技防建设，及早发现学生严重心理健康问题，网上网下监测预警学生自伤或伤人等危险行为，及时转介、诊断、治疗，防范自杀自伤、伤人毁物等情况发生。加强学生心理健康等舆情监测和分析研判，防范化解风险隐患和负面影响。

在培育积极的社会心态方面，要树立社会心理健康服务的观念。辛自强（2024）认为，社会心理服务体系建设不仅是为了解决社会治理中与社会心态培育、人民心理建设有关的内容问题，也是为了解决如何根据心理行为规律提高社会治理效能的方法问题。目前，可以重点突破的是推动积极心理学视角下社会情绪的治理。

社会情绪是指一定社会环境下某一群体或某些群体或社会多数人所共享的情绪体验，是社会转型和社会变迁的动力元素，也是社会心态具有动力倾向的核心要素（王俊秀，2016）。在习近平新时代中国特色社会主义思想指引下，我国经济社会建设取得历史性成就，这激发了人们的自豪感和自信心，人民群众对未来经济社会发展预期乐观，社会情绪更加积极（马福云，2023）。但是随着国际环境的不确定性增加，国内经济社会发展转型加速，各项改革纵深推进，人们的价值取向多元化与利益分化、社会矛盾冲突复杂化、社会竞争加剧的趋势凸显，社会焦虑等消极的社会情绪有所增加。人类社会"自然风险"和"人为风险"叠加形成的"超风险格局"初见端倪，这使得整体社会心态很难维持既往的稳态秩序，甚至有可能出现个别群体的消极情绪蔓延。对消极社会情绪的硬管控很可能会激化社会矛盾，对公共领域的理性对话、多元治理产生副作用。相反，若是将社会情绪视为社会治理的一种可能资源，则有助于丰富社会治理的工具箱、推进治理能力现代化（邢朝国，2023）。

积极社会情绪包括社会自豪、社会同情和社会感恩等，消极社会情绪包括社会冷漠、社会抱怨、社会焦虑和社会浮躁等（杨柳 等，2023）。一般而言，适度的积极社会情绪具有建设的作用，过度的消极社会情绪具有一定的破坏性，可能会危害社会稳定（赵旭东，2019）。比如，社会抱怨作为一种消极的社会情绪，在社会生活中因感觉不公平或受到伤害而怨恨、不满是其核心的内涵，群体对社会的强烈不满与常态社会风险、社会危机、社会动荡都有一定的关联。互联网时代，网络空间中的消极社会情绪引爆点低，更容易被扩散、放大，如果处理不当，对整个社会的心态存在弥散性、感染性的消极影响。对于社会情绪问题，可以从心理学、社会学、政治学、传播学等多个领域来开展研究。鉴于社会情绪本质上是一种情绪，情绪是心理学中的核心主题之一，因此从心理学角度来解读社会情绪，是一个绕不过去的话题。随着积极心理学的兴起，对消极社会情绪的疏导、治理的研究又多了一种视角。在强调培育自尊自信、理性平和、积极向上的社会心态的当下，以积极心理学视角探讨社会情绪的治理具有重要的理论与实践价值。积极心理学是研究如何增进人类幸福与蓬勃发展的学问，积极的情绪、积极的人格特质、积极的组织是积极心理学的三大支柱。其中，积极情绪对积极心理起着重要的启动、拓展与建构作用；积极人格特质是支撑积极心理的稳定因素；积极的组织则是积极情绪、积极人格特质培育的重要外在条件。在社会情绪问题的治理中，如何让民众获取更多的积极情绪，如何激发全民的正能量，如何建设积极的社会心理环境，都是值得探索并可以从积极心理学中得到理论资源与启示的话题。

（一）满足与引导民众的合理需求与预期，激发积极情绪

情绪的核心在于主体对外部事物引发的内部需要的主观体验。当我们达到了身心所需要的目的时，我们原有的紧张就会解除，就能体验到积极的情绪反应（如快乐、满足、幸福等）。如果我们的身心需要没有得到一定的满足，则会产生消极情绪。消极的社会情绪产生的心理根源主要是在社会互动中因需要没得到满足而产生的负性体验。

消极社会情绪反映的往往是社会矛盾。社会转型中社会矛盾和冲突不断

凸显，社会情绪是这些矛盾和冲突的核心，一方面，社会矛盾的表现是激烈的社会情绪爆发，另一方面，社会情绪成为这些矛盾、冲突的动力成分（杨宜音，王俊秀，2016）。但是，如果对消极社会情绪的疏导得当，也可以在解决社会矛盾中促进发展。从积极心理学的角度来看，消极情绪是不可避免的，积极情绪和消极情绪可以同时共存。著名的积极心理学家芭芭拉·弗雷德里克森甚至提出了一个积极率的概念，她认为：积极情绪不是越多越好，消极情绪也不是越少越好，要想实现美好的人生，积极情绪与消极情绪的最佳配比（即积极率）为 3∶1（Fredrickson, 2013）。此外，积极心理学还认为，人的幸福并不是由消极面单独左右的，消极情绪的存在和积极情绪的缺失共同导致了人的不幸福。

由此看来，治理社会情绪问题是一项社会情绪管理工作，可能是社会治理中最深层、最难的工作，要采用以疏为主、正向引导的办法。一方面，我们要正视消极社会情绪，努力消除消极社会情绪产生的心理根源，比如满足民众合理的需求与预期。改革开放以来，我国经济体量的快速增长提高了民众对生活质量的预期，但是人口基数大、区域发展不均衡的社会现实决定了民众生活水平难以在短期内都得到大幅提升，同时社会转型产生的资源再分配、利益分化中的不合理因素助长了非理性心态（如仇富、恨官等）的蔓延（马福云，2015）。所以，社会预期与社会现实之间会存在落差。为防止过度的消极社会情绪产生，要探索对民众理性需求与预期的引导与管理的机制，如构建民众参与公共政策前期制订、意见征求等机制，确保公共政策回应民众的合理需求；在公共政策出台之前，做好社会心理影响评估；保持公共政策制定和执行的一致性、稳定性；通过各种有效渠道，引导民众合理看待社会矛盾与冲突，灵活调整心理预期，提高心理韧性。

另一方面，就像每个个体的情绪都会有喜怒哀乐一样，社会情绪也会积极与消极并存，彻底消除消极社会情绪是不可能的，我们要重视积极社会情绪的培育，以此"以正压邪"。党的十八大提出要培育"自尊自信、理性平和、积极向上的社会心态"。社会情绪是社会心态的"晴雨表"和"温度计"，积极社会情绪的培育是积极社会心态建设的题中之义。弗雷德里克森提出了积极情绪培育的 11 种方法，尽管是针对个体的积极情绪的激发，但对积极社会情绪的培育也有借鉴价值。比如，让民众能梦想未来，让民众能利用、发挥自己的优势。党的十八大以来，"中国梦""让每个人都有出彩的机会""提高人民的安全感、获得感和幸福感""以人民为中心""坚持人民至上"等治党治国理念、思想的提出以及逐渐落地，对积极社会情绪的培育大有裨益。此外，构建既有规则又有一定包容度的舆论监督体系，建立制度化的情绪宣泄渠道，加强政府与民众平等、有效的沟通，倡导理性的社会比较，利用数智化手段广泛收集并回应民意等都是将消极社会情绪转化为积极社会情绪的路径。

（二）发挥关键人群的榜样示范作用，传递正能量

社会弱势群体容易对权力、知识、技术、经济等方面的优越者嫉妒，一旦这些所谓的"优越者"的德行失范，最容易引发弱势群体的消极社会情绪。因此，如何发挥关键人群的榜样示范与意见领袖作用，让他们传递、放大社会正能量，是治理社会情绪问题的另一条路径。积极心理学研究表明，人类的积极心理品质包括六大美德（智慧、勇气、仁慈、公正、节制、超越）和 24 种性格优势（每种美德分为 3—5 种性格优势，共计 24 种）。如何挖掘、宣扬关键人群身上的美德，以此向全社会传递正能量，引领社会风尚，是一件非常重要的德治、心治工程，比如提高官员的"官德"、教师的师德、医生的医德、专家的职业道德等，宣扬这些关键群体中的先进典型。

少数干部的贪腐，使干群关系变得紧张，使得民众对官员、政府产生消极的认知。上学难、看病难、就业难等现实问题，让民众的不安全感、无力感增强，使民众容易产生不满。目前，党中央的反腐倡廉工作已经深得民心，对教改、医改、就业帮扶也强力推进，这些都是很好的趋向。此外，对社会精英、公众人物的榜样示范、正面宣传还有待加强。研究表明，有意图的情绪感染往往来自处于高地位的领导者或有影响力的群体成员，他们

诱发、调整和改变着群体的情绪，有意识地调整群体成员的行为（王俊秀，2021）。群际情绪理论认为，群际情绪是当个体认同某一社会群体，群体成为自我的一部分时，个体对内群体和外群体的情绪体验，群际情绪可发挥大规模社会认同调节的功能（刘峰，佐斌，2010）。因此，做好社会精英、公众人物榜样示范、正面宣传，有利于大规模激发社会认同与积极社会情绪，充分发挥积极社会情绪的感染、迁移作用，做到以情促情，通过发挥道德感、理智感和美感等高级社会情感的功能，把偏执、非理性的社会心理提升到较高理性层面，在整体上提升民众社会心理的健康水平，增强社会凝聚力、向心力（刘迪翔，赵子林，2023）。

随着数智化时代的到来和网络社会的崛起，由于网络本身的便捷性、互动性、跨时空性等特征以及网络传播的"放大镜"作用，网络空间中的情感动员力量不容小视（吕小康，2023）。通过网络法律法规建设、公民网络素养教育等举措，推进网络社会和现实社会的良性互动，强化网络社会心态治理，引导其传播正能量（马福云，2023）。只有线上线下都有更多人的积极情绪汇集，才能形成以积极情绪占优势的社会情绪基调。

（三）彰显制度的公平正义，净化网络生态，建设积极心理环境

民众的消极社会情绪并不只是源于个体的利益受损，更多的是对不公平、不平等的社会现象乃至社会制度的不满。随着利益格局相对固定化、社会差异明显化和向上流动机会受到钳制，加之社会性伤害的存在，怨恨成为一种主导性的情绪氛围（成伯清，2009）。减少这种制度性、社会性的伤害，是从根本上治理社会情绪问题之策。积极心理学主张人类获得幸福、积极情绪，还要靠积极的组织来保障。从这个意义上来说，以公平正义的制度环境建设支撑民众积极心理的培育才是长久之计。以公平正义为导向，建立科学有效的利益分配机制、诉求表达机制、民意回应机制、矛盾调节机制、权益保障机制，才是治理社会情绪问题最有效的解药。除公平与正义之外，"安全与秩序、接纳与支持、鼓励自主与合作"也是积极心理环境的重要指标（周翠敏等，2016），如何在各级各类组织中，以这些指标为引领，建设积极

心理环境，让群体感受到环境的支持、社会的支持，培育正向的心理，都是可以尝试的做法。

2023年8月28日，中国互联网络信息中心发布的第52次《中国互联网络发展状况统计报告》显示，截至2023年6月，我国网民规模达10.79亿人，较2022年12月增长1109万人，互联网普及率达76.4%。网络是一把双刃剑，在给民众学习、生活、工作等带来便利的同时，如果网络被不当使用，也会产生负面的影响。一方面，要治理网络戾气，净化网络生态。2023年中央网信办实施了"清朗·网络戾气整治"专项行动，其中就包括坚决打击"煽动网上极端情绪"的突出问题。包括编造耸人听闻的帖文标题，发布无中生有、毫无底线的"泄愤帖"；恶意夸大师生矛盾，渲染家长"压迫""压榨"孩子，挑起关系对立，对未成年人形成不良导向；刻意渲染消极负面、焦虑怨愤情绪，散布仇视对立言论；等等。网络不是法外之地，要通过集中关闭一批严重违规、影响恶劣的账号群组，坚决取缔一批戾气聚集、问题突出的功能板块，从严查处一批履责不力、顶风作案的网站平台等举措，净化网络生态。另一方面，要监测网络舆情，应用网络舆情中的社会情绪管理策略。网络群体性事件可诱发消极社会情绪，如相对剥夺感、社会不公感、尊重缺失感、道德焦虑感等（郝其宏，2014）。有研究者认为，要在分析突发事件网络舆情中社会情绪在酝酿期、唤醒期、爆发期等阶段中网民的心理特点的基础上，采取不同的社会情绪疏导策略：在社会情绪酝酿期需要加强社会情绪知觉的监管力度，在社会情绪唤醒期需要分化网民利益诉求并给予合理的宣泄渠道，在社会情绪爆发期需要与网民及时沟通并进行情绪安抚。

无论是真实环境还是虚拟环境，都是影响社会情绪的重要因素。需要发挥环境对社会情绪的正向影响作用。在诚信友爱、相互信任、充满活力、安定有序的环境中，群体的消极社会情绪会减少，积极社会情绪会增加。如何坚持公平正义的原则，与时俱进地构建以政府主导的多方参与、合作共治的环境治理机制将是积极心理环境建设要破解的难题。

本章小结

本章聚焦积极的组织系统建设。首先，以积极心理学关于幸福的理论等为依据，探讨了在学校情境下，如何从思想、机制、关系、活动、教学、环境、保障等方面全面、系统支持学生的积极发展。其次，探讨了如何系统推进教育生态的积极变化。包括优化家长的教养方式：建立积极的亲子关系、提升家庭功能；建设清朗的网络环境：预防网络欺凌、防治网络沉迷、做好个人网络信息安全保护；培育积极的社会心态：减少社会内卷与社会焦虑传递等。只有建设积极的组织系统，推进学校、家庭、网络、社会等各系统协同育人，学生的成长环境才具有协同教育力，学生的积极发展才是可持续的。

第六章　高质量发展视野下学校积极心理学应用

我国经济社会发展从讲规模、讲增速，已经到讲质量、讲效益的阶段。高质量发展是全面建设社会主义现代化国家的首要任务，是"十四五"乃至更长时期我国经济社会发展的主题，也是我国教育事业发展的重要导向。一方面，随着我国经济从高速增长向高质量发展转型，为提升教育对经济社会发展的贡献度，教育需要迈向高质量发展的新阶段；另一方面，促进教育高质量发展也是实现教育现代化、建设教育强国的内在要求。党的二十大报告提出"加快建设高质量教育体系"。2023 年 5 月 29 日，习近平在中共中央政治局第五次集体学习时强调：要坚持把高质量发展作为各级各类教育的生命线。中小学心理健康教育作为教育体系的重要组成部分，也需要谋求高质量发展。教育高质量发展的特征包括：特色强；满足需求能力强；质量优（包括促进个体身心健康、全面发展，培养知识结构完善、生命情感丰富、个体人格健全的人等）。推进学校积极心理学的系统应用的重要指向，就是谋求学生心理健康工作的高质量发展。

第一节　中小学心理健康教育发展历程与问题简析

自 20 世纪 80 年代以来，我国中小学心理健康教育不断发展，已经从少数学校自发探索阶段逐步向政策推动下的规范实施阶段迈进。研究表明，我国中小学心理健康教育政策发展及其实践活动的历程主要经历了三个阶段（王艺凝，兰继军，2022）。

第一阶段是初步探索阶段（1999—2008 年）。1999 年，党和国家作出了深化教育改革、全面推进素质教育的决定，在重视思想道德素质、科学文化素质的同时，把良好的心理素质也作为全面素质中的重要组成部分。教育部先后发布《关于加强中小学心理健康教育的若干意见》《中小学心理健康教育指导纲要》等文件，明确将心理健康教育纳入中小学教育教学工作中，作为素质教育的重要组成部分。教育部于 2007 年成立了中小学心理健康教育专家指导委员会，加强专业指导。2008 年汶川地震发生后，教育部通过发布相关文件，关注自然灾害给中小学生心理带来的创伤及其修复。这一阶段主要是全面推进素质教育背景下推动中小学心理健康教育的普及，同时关注重大自然灾害后对相关学生的心理援助。

第二阶段是深化发展阶段（2009—2016 年）。教育部先后出台了《中小学心理健康教育指导纲要（2012 年修订）》《中小学心理辅导室建设指南》等文件，不断贯彻"全面推进、突出重点、分类指导、协调发展"的工作方针。值得一提的是，2011 年末我国城镇人口占总人口比重已经达到了 51.27%，首次超过 50%（张克，2015）。随着我国城镇化进入新的阶段，农村留守儿童心理健康教育也受到了关注，2013 年，教育部等 5 部门专门出台了《关于加强义务教育阶段农村留守儿童关爱和教育工作的意见》，提出了加强留守儿童心理健康教育等要求。2016 年，中共中央、国务院印发《"健康中国 2030"规划纲要》，明确提出使全体人民享有所需要的、有质量的、可负担的预防、治疗、康复、健康促进等健康服务，以中小学为重点，建立学校健康教育推进机制。这一阶段主要是在"健康中国"建设、落实立德树人教育根本任务的背景下推进中小学心理健康教育的专业化，同时关注对新型城镇化背景下留守儿童等群体的心理关爱。

第三阶段是全面整合阶段（2017 年—现在）。2017 年，习近平总书记在中国共产党第十九次全国代表大会上的报告中提出要加强社会心理服务体系建设，培育自尊自信、理性平和、积极向上的社会心态。此后，中共中央、国务院印发的《关于深化教育教学改革全面提高义务教育质量的意见》、国家卫生健康委等 12 部门联合制定的《健康中国行动——儿童青少年心理健康行动方案（2019—2022 年）》、党的十九届五中全会通过的《中共中央关于制定国民经济和社会发展第十四个五年规划和二〇三五年远景目标的建议》都对中小学心理健康教育提出了系统的要求。2021 年，教育部办公厅印发《关于加强学生心理健康管理工作的通知》，从源头、过程、结果、保障管理四方面对学生心理健康的系统管理进行了部署。在此阶段中，针对新冠疫情这一突发重大公共卫生事件给中小学生带来的心理冲击，根据疫情防控总体要求，教育系统整合各方面的资源，对中小学生采取了多层面的心理防护措施。这一阶段主要是在平安中国与健康中国建设、深化教育综合改革的背景下将中小学心理健康教育的定位升级，从教育质量管理、公共卫生、社会治理的层面更加系统、协同地推进相关工作。

总的来说，中小学生心理健康教育工作，从初步探索到深化发展，再到全面整合，突破了传统心理学只关注个体层面的心理健康这一局限，发展到建设关注全体学生的心理健康服务体系，并与社会治理体系逐渐融合。从上述历史脉络中，我们可以发现：二十多年来，中小学心理健康教育不断深化发展，已成为中小学德育工作、全面推进素质教育的重要组成部分，在对学生发展需求的回应度、与整个教育体系的融合度、与经济社会发展的适应度等方面都取得了一定的进展。学生心理健康关乎立德树人教育根本任务的实现，关乎个体幸福、家庭和谐、社会稳定。随着我国经济社会发展进入高质量发展阶段，学生发展的需求更加多样，面临的环境更加复杂、风险挑战日益增加，学生心理健康成为健康中国、平安中国、幸福中国建设的重要内容，是党中央关心、人民群众关切、社会关注的重大课题。时至今日，中小学心理健康教育已经上升为国家战略，其重要标志是 2023 年 4 月教育部等十七部门发布的《全面加强和改进新时代学生心理健康工作专项行动计划（2023—2025 年）》。

长期以来，尽管许多中小学通过开设心理课、开展心理健康教育活动、心理辅导等途径提供了心理健康服务，促进了学生的心理健康素养提升与阳光心态培育，但是对照高质量发展的要求，从整体上看我国中小学心理健康教育还存在一些有待改进的问题：第一，"健康第一"的理念还没有完全落实。高质量教育体系建设的终极目标是培养德智体美劳全面发展的社会主义建设者和接班人，培养担当民族复兴大任的时代新人。身心健康是学生全面发展的重要前提和保障。由于受教育功利化思想的影响，过度教育内卷、盲目"鸡娃"的现象比较普遍，以牺牲学生身心健康为代价来换取一时的学业成绩的做法屡见不鲜。第二，学校心理健康教育服务还不能满足所有学生的需求。时代巨变之下，社会焦虑直接或间接地影响着中小学生的心理状态。贫富差距加大、竞争加剧，部分个体的相对剥夺感突出，学业内卷导致学生自主支配的时空被压缩；网络带给人便利的同时也导致了信息过载或浮躁的攀比，学生精神世界的复杂性与多变性增加。高质量教育体系是能满足学生发展需求的教育体系，能体现教育的公平与效率。但是，当前我国中小学心理健康教育发展还存在不均衡，城乡、区域、校际差异还客观存在；中小学在"健康教育、监测预警、咨询服务、干预处置"一体化方面的工作体系尚不完善，心理健康教育服务资源供给不足，心理健康教育的专业化水平还有待提高，难以满足不同学生的差异化心理健康发展需求。第三，多方参与、高效协同的学生心理健康服务机制还不够健全。高质量教育体系是开放的教育体系，能实现教育系统与其他系统的协同联动。但是，当前我国中小学心理健康教育工作还主要局限在教育系统内部，学校与家庭、社区、医疗机构等之间尚未形成有效的工作闭环，影响了心理健康教育合力的发挥。第四，破解现实问题、具有中国特色和时代特征的中小学心理健康教育模式尚未形成。高质量教育体系是具有中国特色的教育体系，能够回应教育的中国之问、时代之问。但是，当前我国中小学心理健康教育的很多理论、技术、工具都是"舶来品"，对中国文化背景下中小学生独特心理特点、规律以及发展需求缺少回应，缺少自主创新、本土化、符合中国学生认知与行为方式的心理健康教育模式。

　　高质量教育体系建设呼唤中小学心理健康教育的高质量发展。上述问题的存在与中小学心理健康教育高质量发展的要求尚不匹配，需要对中小学心理健康教育高质量发展的内涵、目标与路径进行系统探讨，为推动中小学心理健康教育的高质量发展提供理论与实践指引。

第二节　中小学心理健康教育高质量发展的内涵分析

高质量教育体系是面向全体人民，兼顾公平与质量原则，充分发挥每个人的潜力与才能的教育体系（刘宝存、张金明，2022）。从这个意义上来看，中小学心理健康教育高质量发展是面向全体学生、兼顾公平与质量原则、充分发挥每位学生心理潜能的发展样态。具体而言，中小学心理健康教育高质量发展包括以下几层内涵：

一、中小学心理健康教育高质量发展需要将学生的身心健康发展放在首位

中小学生处于生理、心理的快速发展期以及社会阅历的逐步增长期，大部分学生都能适应变化、比较平稳地发展。但随着我国经济社会快速发展与互联网、新媒体应用快速推进，中小学生成长环境的不断变化、不确定性增加，生活节奏加快、竞争压力加剧，中小学生心理健康问题凸显。2020 年和 2022 年，中国科学院心理研究所的两次调查结果表明，青少年抑郁检出率都超出了 10%（傅小兰等，2021，2023）。研究者对 2010—2020 年我国学生心理健康问题检出率研究的元分析表明（纳入检出率元分析的研究数量：小学生 101 项，初中生 222 项，高中生 252 项）：小学生心理健康问题检出率由高到低依次是睡眠问题（25.2%）、抑郁（14.6%）、焦虑（12.3%）、攻击行为（4.1%）、退缩（3.8%）、违纪行为（3.7%）、躯体化（3.6%）；初中生心理健康问题检出率由高到低依次为焦虑（27%）、抑郁（24%）、自我伤害（22%）、睡眠问题（17%）；高中生心理健康问题检出率由高到低依次是抑郁（28.0%）、焦虑（26.3%）、睡眠问题（23.0%）、躯体化（9.8%）（俞国良，2022）。从各学段学生心理健康问题检出率的对比来看，焦虑：初中生 > 高中生 > 小学生；抑郁：高中生 > 初中生 > 小学生；睡眠问题：小学生 >

高中生 > 初中生。从各指标的平均检出率的比较来看：抑郁（22.2%）> 焦虑（21.9%）> 睡眠问题（21.7%）。整体来看，中小学生的抑郁、焦虑、睡眠问题的平均检出率均超过了 20%，中小学极端心理危机事件也时有发生，中小学生心理健康状况堪忧。

总体而言，目前学生心理问题发生率较高，且有低龄化趋势，已成为关系国家和民族未来的重要公共卫生问题，需要引起全社会的重视。身心健康是一体的，心理健康问题也会危害身体健康。学生心理疾病会阻碍学生的成长成才以及终身发展，也会给整个社会带来疾病负担。因此，必须将学生心理健康工作摆在更加突出的位置，提高思想认识，加强组织领导、资源投入、督导评估，以系统化、针对性的举措加强学生心理健康工作。

二、中小学心理健康教育高质量发展需要关注所有学生的积极发展

积极心理学家塞利格曼等人总结了心理学的三大使命：治疗心理疾病，让所有人的生活更有成效、更有成就感，识别并培养高层次人才（Seligman & Csikszentmihalyi, 2000）。在高质量发展的背景下，中小学生心理健康教育不仅仅要关注少数有问题的学生的矫治，更要关注大多数处于健康状态的学生群体的问题预防与健康促进。所有学生的心理潜能都需要进一步开发，所有学生的幸福感都需要进一步提升，中小学心理健康教育高质量发展应该关注所有学生的积极发展。在发展系统理论的推动下，发展科学领域出现了积极青少年发展观（张文新、常淑敏，2011）。勒纳等人建构了一种基于优势的发展模型，提出了青少年积极发展的六大指标，即能力、信心、人际联结、品格、关心或同情、贡献，其中"贡献"是前五种品质发展的结果（Lerner & Castellino, 2002）。中小学心理健康教育高质量发展应该关注这些品质的发展。

此外，完整心理健康理论认为，没有心理疾病并不等于心理健康（Keyes, 2007）。没有心理疾病的状态还包括萎靡不振、中度心理健康水平等状态。完整心理健康指向个体的蓬勃发展、潜能实现、很强的幸福感以及积

极心理品质的养成。高质量的心理健康教育应该为学生达到完整心理健康的状态提供支持。

三、中小学心理健康教育高质量发展需要为学生提供公平而有质量的心理健康服务

长期以来，对于中小学生心理健康工作，我们采用的是教育模式而不是服务模式。相比教育模式，服务模式具有两大优势。第一，服务模式具有更大的包容性。一方面，服务模式包括心理健康教育之外的很多服务内容。2016 年 12 月，国家卫生计生委等 22 个部门出台的《关于加强心理健康服务的指导意见》明确指出：心理健康是人在成长和发展过程中，认知合理、情绪稳定、行为适当、人际和谐、适应变化的一种完好状态。心理健康服务是运用心理学及医学的理论和方法，预防或减少各类心理行为问题，促进心理健康，提高生活质量，主要包括心理健康宣传教育、心理咨询、心理疾病治疗、心理危机干预等（国家卫生计生委等，2016）。另一方面，学生心理健康工作不限于教育系统内的工作，还需要教育系统之外的很多主体、部门各负其责。前文提及的 2023 年 4 月教育部等十七部门发布的专项行动计划也是从"学生心理健康工作"的角度进行定位，而不限于"学生心理健康教育"。第二，服务模式具有更强的需求导向性。服务模式尊重学生的个性化需求，更加注重为学生提供精准化的服务。有研究者认为，教育模式有一个内隐假设，即教育者根据预设的内容和目标，有计划、有步骤地对教育对象实施影响，有"强人所难""居高临下"之嫌；服务模式则重视以学生自身的发展性需要为出发点，充分发挥学生的主动性和积极性，根据他们的心理发展规律和成长需要，提供相应的心理健康服务，即强调提供适合学生发展需要的心理健康教育（俞国良，2015）。

在高质量发展背景下，中小学心理健康教育要为每位学生提供专业服务，确保公平，并提升服务质量。"质量"是一种"客户"导向的评价话语，学生心理健康教育的高质量来自学生的感受、评价，并体现在学生的积极发

展上。因此，中小学心理健康教育高质量发展是一个长期的过程，需要回应学生的真实需求，并根据学生的反馈来不断改进教育服务，使这种服务从"有质量"逐步走向"高质量"。

第三节　中小学心理健康教育高质量发展的目标定位

发展系统理论将人的发展放置在一个大的系统中来研究，特别强调个体—情境之间关系的作用，同时把时间、关系维度作为重要的发展变量（Lerner & Castellino, 2002）。一项长达 24 年的儿童追踪研究表明，积极发展和适应受益于个体、关系、环境等不同的影响因素的组合，如同理心等个体特征、支持性的家庭环境、高质量的友谊、高学业成就、与学校的紧密联结都显得很重要。其中，关系和环境因素对于积极发展的影响尤为突出（Smart et al., 2007）。在中小学心理健康教育体系中，教师在引导各种教育关系、促进学生心理健康成长方面需要发挥专业作用，学校在建构有利于学生成长的教育环境方面需要发挥主导作用。因此，中小学心理健康教育高质量发展的目标是多层次的目标体系，包括学生、教师、学校等多层面的目标。

一、学生层面：学生心理健康素养不断提升

就学生个体而言，中小学心理健康教育高质量发展的目标是促进所有学生心理的积极发展，在中小学课程与教学改革进入"核心素养"为导向的阶段，这种目标应该定位在所有学生心理健康素养的提升。心理健康素养指个体在促进自身及他人心理健康，应对自身及他人心理疾病方面所养成的知识、态度和行为习惯（江光荣等，2020）。心理健康素养不仅关乎自己，也关乎他人；既有促进心理健康的维度，又有应对心理疾病的维度。心理健康素养具有综合性、情境性、动态适应性。心理健康素养高的个体在面对压力、逆境或挫折时能综合运用知识、态度、技能等灵活应对、积极适应。学生心理健康素养目标是对静态的知识目标的超越。一方面，学生心理健康素

养的提升不是一朝一夕的事情，是一个长周期的目标；另一方面，学生心理健康素养提升目标的达成，需要我们调整心理健康教育的方式方法，不能用教知识的方式来教素养或者用学知识的方式来提升素养。在提升学生心理健康素养方面，有以下几点值得关注：一是让学生经历真实情境，对困难、挫折、压力的应对有心理预演；二是在日常生活中，让学生储备情绪应对的"工具箱"；三是在各类心理健康教育教学活动中注重学生的主体性与能动性，让学生有参与、有体验、有感悟、有成长；四是引导学生学会在必要的时候寻求社会支持。

二、教师层面：教师的心理辅导能力与家庭教育指导能力不断提高

首先，提升全体教师的心理辅导能力。加强全体教师的心理辅导能力建设是为全员育心提供专业队伍保障。全体教师心理辅导能力提升的重点是积极师生关系的建设、学生心理问题的早期识别能力、师生沟通与家校沟通能力、课堂教学中的心理辅导能力。其中，班主任心理辅导能力还应包括班级心理辅导能力（含开展心理健康主题班会的能力等）。值得指出的是，当前中小学各学科教师都在根据新课程改革要求，探索如何在课堂教学中落实学科核心素养。由于核心素养既包括正确价值观、关键能力，还包括必备品格，如果各学科教师的教学真正落实了学科核心素养的培育，就有利于学生的积极心理品质培养，实现课堂教学与心理健康教育的有机融合。

其次，提升全体教师的家庭教育指导能力。中小学心理健康教育的高质量发展需要关注家校协同、共促孩子心理健康。教师要开展高质量的家庭教育指导工作，将孩子的心理健康作为家庭教育指导的重要内容，引导家长学会亲子沟通，提高对孩子心理问题的识别意识，以及对孩子积极心理品质的培养意识与能力。研究表明，和谐的人际关系是青少年心理健康的保护因素。其中，积极的亲子关系是基石，相互支持的同学关系以及平等尊重的师生关系是两翼（傅小兰等，2021）。教师在与学生建立良好师生关系、引导学生建立友好的同伴关系的同时，可通过家校沟通、家长会、家长培训等形

式，引导积极亲子关系的建设，推动家校协同育人。

三、学校层面：学校心理健康服务体系不断完善

从发展心理学的重要理论流派之一"生态发展观"来看，个体生活在相互嵌套的多层级、多水平的系统之中，其发展受多级环境的影响。从纵向来看，根据发展系统理论，人的发展过程是一个诸多发展特征不断产生级联效应的过程，某个时间点上个体特征的发展状况会对该特征的后续发展产生影响，并影响其他领域的发展，进而影响到个体的整个发展进程（李腾飞等，2017）。发展的级联效应还体现在一个系统的变化（如学校）可能会影响其他系统（如家庭）对个体发展的作用（Masten, 2010）。系统之间的交互作用对个体发展有着重要影响。当前，影响中小学生心理健康的诸多因素中，很多因素在学校系统之外，比如家庭因素、网络因素、其他社会因素等。因此，中小学生心理健康问题预防与健康促进需要校内外的密切协同。校内外协同的学生心理健康服务体系不断完善的主要标志有：

第一，学校在学生心理健康工作中起着主导作用。完善学校心理健康服务体系是心理健康教育高质量发展的重中之重。从定位来看，学校心理健康服务应与学校管理、教育教学体系充分融合，纳入学校整体发展规划并系统实施。从构成要素来看，学校心理健康服务体系包括机构、场所、队伍、课程、活动、心理辅导、危机干预等要素。从工作环节来看，学校心理健康服务体系包括规划、实施、评估等环节。高质量的学校心理健康服务体系应该是学段衔接、要素完备、运作顺畅、功能良好的体系。

第二，学校与家庭、社会、医院紧密联系，形成工作合力。家庭在学生心理健康工作中起着基础作用，学校要通过家庭教育指导等工作促进家校互动、合力育人。社会在学生心理健康工作中起着支持作用，要积极利用社区、社会专业机构等方面的相关资源，让学生得到及时、专业的社会心理健康服务。医教结合在学生心理健康工作中起着专业保障作用，在《中华人民共和国精神卫生法》的框架内，高质量的医教结合学生心理健康服务包括：

学校的及时转介，学校与医院之间快速转介通道的建立，医院的有效治疗，学校与医院有效合作支持学生康复并返校复学。学生极端心理危机事件的联合处置及时、举措适当、效果明显。

第四节　中小学心理健康教育高质量发展的路径选择

有研究者认为，缓和、减少学生心理健康问题，"头痛医头、脚痛医脚"的办法显然不行，而应是一个系统工程，需要创新思维、齐抓共管、系统治理（俞国良，2023）。围绕中小学心理健康教育高质量发展的内涵、目标与当前亟待解决的瓶颈问题，中小学心理健康教育高质量发展可以从以下几方面进行发展路径的系统探索。

一、提高科学性，开展解决中国学生心理健康现实问题的科学研究

一方面，加强学科建设，以学科建设引领学生心理健康教育高质量发展。加强发展教育心理学、临床与咨询心理学等学科建设，建立富有中国特色的学科、学术与话语体系，提高心理学科学生健康现实问题解决的能力。目前，作为学生心理健康教育最直接的学科支撑的学校心理学还比较薄弱，应加强建设。其中，推进学校积极心理学的发展也是一个重点。

另一方面，开展有组织的科研，以科研成果破解学生心理健康教育中的难题。针对全球化、城市化、数字化背景下中小学生常见的心理问题，汇聚脑科学、心理学、教育学、社会学、人工智能等多学科资源，建立心理健康实验室，开展基础性、前沿性和国际性的研究，探索将研究成果或产品有序、有效应用于学生心理健康教育的各个领域，提升学生心理健康教育的科学性、专业性。鼓励开展以中国传统文化、中医药为基础的心理健康相关理论和技术的实证研究（国家卫生计生委等，2016），逐步形成有中国文化特色的心理健康教育理论与技术。研究、传播心理健康教育先进地区、学校的成功经验，加强高水平心理健康教学与科研成果的转化应用、交流展示、推

广辐射、资源共享，促进中小学心理健康教育整体质量的提升。开展极端个案会商与研判，探讨中小学生自杀的多级风险因素与保护因素，研制动态监测、有效干预方案。

二、提高实效性，建设满足不同学生需求的学校心理健康教育服务体系

满足不同学生需求的学校心理健康教育服务体系建设是一项系统工程，目前还存在比较明显的短板，制约了学生心理健康工作的实效：学生心理健康三级预防体系还不完善；心理健康教育教师队伍胜任力还有待提高；心理健康教育课程目标与内容的系统性、针对性不强，教学形式尚未很好地回应学生特点。所以，亟须做好以下几点。

第一，健全学生心理健康三级预防体系。以学生需求为导向，坚持关口前移、点面结合，利用校内外资源，做到以教育与预防为主、治疗为辅，促进教育、预防、治疗三者的有机衔接。一是应用积极心理学与发展性心理辅导的理论，把培养全体学生的积极心理品质、营造积极的学校氛围作为一级预防的重要目标，将"五育并举促进学生心理健康"作为一级预防的重要策略，发挥五育中本来蕴含的心育功能，促进五育与心育的融合，做到以德育心、以智慧心、以体强心、以美润心、以劳健心。同时要完善一级预防的落实路径，包括课程教学、实践活动、宣传教育等。要解决的关键问题是推进全员育心，帮助学生健全人格、开发潜能。二是在二级预防中，做好部分高风险学生的监测预警、预防性干预，可采取的路径有定期的心理测评和测评后及时、针对性的辅导等。要解决的关键问题是提供专业心理辅导，帮助学生化解风险与转归正常。三是在三级预防中，做好个别严重心理问题学生的医教协同服务以及伤害性事件的应急处置和善后工作，可采取的路径包括医教结合、家校协同应对等。要解决的关键问题是将患病学生及时转介到专业机构接受专业诊断、有效治疗，合力帮助学生康复。

第二，提升心理健康教育教师队伍的胜任力。要以队伍的高胜任力助推

中小学生心理健康教育的高质量发展。首先，要提高全体教师的心理健康教育意识与能力，建立以班主任和专兼职心理健康教育教师为骨干、全体教职工共同参与的心理健康教育工作机制。其中，要特别重视专职心理健康教育教师胜任力建设。中小学心理健康教育教师胜任力主要指能将中小学心理健康教育教师中绩效优异者与绩效一般者区分开来的个人潜在的、深层次特征。它除了包括知识、技能外，还包括自我形象、态度与价值、特质、动机等（朱仲敏，2022）。个体胜任力与其实际工作的质量密切相关。胜任力的提升需要专职心理健康教育教师"道术兼修"。当前中小学生电子产品使用过度、厌学拒学、性别认同、家庭结构与功能不全等新问题不断涌现，学生心理健康服务需求增加，这对心理健康教育教师的胜任力提出了挑战。因此，心理健康教育教师如何通过理论学习、临床实践、接受督导、自我反思与成长、研究等路径提升胜任力，相关专业支持机构如何针对不同发展阶段的心理健康教育教师提供差异化、针对性的培训支持都是值得探讨的现实问题。其次，要提升教师自身心理健康维护能力建设，以教师积极心理引领学生心理健康成长。教师学会调节情绪与压力，善于缓解职业倦怠。同时，学校也要注重为教师营造舒心的工作环境，为教师的心理健康提供支持。

第三，保障心理健康教育课程的质量。目前，中小学心理健康教育课程还缺少规范、专业的课程标准、大纲、教材。不少学校的心理健康教育课程内容的选择比较随意，课程内容重复、错位、陈旧等现象依然存在，教学实效性有待提升。一方面，建议国家出台心理健康教育课程标准；另一方面，鼓励各地、各校开展心理健康教育课程与教学的研究，完善课程目标与内容体系，提升心理健康教育课程与教学的质量。由于学生心理发展既具有阶段性又具有连续性，各学段的课程目标与内容应该体现出一定的差异性与递进性，真正让心理健康教育课程成为高质量心理育人的重要载体。从课程的教学形式上来说，小学可以以游戏和活动为主，在初中以活动和体验为主，在高中以体验和调适为主，从而更加贴近不同学段学生的认知水平与发展需求。

三、提高协同性，构建家庭—学校—社区—医院等有效合作联动的发展格局

研究表明，环境风险因素通过促发个体高心理痛苦水平，加剧心理危机的风险，但环境资源可通过促进个体内生资源的发展，帮助个体发展出更好的危机免疫屏障（孙芳等，2023）。根据生态系统论的观点，家庭、学校是微系统，是影响中小学生心理健康的近端环境因素，个体与近端环境中的人、物体、符号的相互作用过程是个体发展的引擎；社区资源与学校的互动是重要的中系统之一。医疗机构在中小学生严重心理危机干预处置、精神障碍诊治等环节发挥重要的作用。在中小学生心理健康问题治理方面，家庭—学校—社区—医院之间的协同联动还不够紧密，尚未形成工作闭环，影响了工作合力的发挥。要动员全社会的力量，通过构建协同联动、综合治理机制，全面减少中小学生心理健康的风险因素、增加保护性因素。

除了家庭要充分履行关注未成年人心理健康的法定职责外，其他相关主体要履行相应的职责并加强各方协同联动。

第一，学校有效发挥心理育人主阵地作用。探索、实践中国特色的心育模式，坚持育心与育德相结合，厚植家国情怀，激发成长力量，培育积极乐观的人生态度和坚韧不拔的意志品质。学校要配强师资、开好课程，构建全员育人机制，构建学校心理健康服务体系，整合校内外资源，对不同需求的中小学生开展针对性的心理健康服务，将解决心理问题与解决思想问题、实际问题相结合。学校发挥专业指导优势，开展家庭心理健康教育指导服务。要注重中小学生网络素养培育、人工智能普及教育，预防因网络、人工智能产品使用不当对中小学生思想、心理与行为造成的负面影响。

第二，构建有力的中小学生心理健康社会支持系统。严格落实"双减"政策，加强校内校外学业负担的协同治理，切实减轻违背教育教学规律、有损中小学生身心健康的过重学业负担，避免给中小学生过大的学习压力。严格管理校外培训机构，严禁违规培训、遏制恶性竞争、减少焦虑传递。开发

社区相关教育资源，整合全社会各类资源，加大心理健康服务资源的供给，充分利用报刊、广播、电视、网络媒体等平台和渠道，加强科普宣传，减少对心理疾病的病耻感和污名化态度，倡导主动、及时的心理求助，引导中小学生树立"身心同健康"意识，积极营造有利于中小学生健康成长成才的社会环境。完善突发公共事件应对机制，预防、减少、控制突发公共事件对中小学生的心理冲击。

第三，提供高质量的医教结合的中小学生心理健康服务。推进医校合作，探索医院与学校结对，完善沟通联动机制，引入精神科医生驻校开展疑难和危机学生评估，畅通心理危机和急性、重性精神障碍中小学生转介绿色通道。医疗机构要加强资源供给，加强儿少精神科的精神卫生服务资源建设，提升中小学生心理门诊服务能力，满足患病中小学生的就医需求。

本章小结

积极心理学的系统应用需要从观念到行动，从个体到系统，从规模到质量。当前，需要推进学校积极心理学的系统应用，谋求学生心理健康工作的高质量发展。基于高质量教育体系建设要求以及中小学心理健康教育发展历程、当前问题的分析，本章重点探讨中小学心理健康教育高质量发展的内涵、目标与路径。从内涵上看，中小学心理健康教育高质量发展是面向全体学生、兼顾公平与质量原则、充分发挥每位学生心理潜能的发展样态，需要将学生的身心健康发展放在首位、关注所有学生的积极发展、为学生提供公平而有质量的心理健康服务。在发展系统理论的指导下，中小学心理健康教育高质量发展的目标体系构成：个体层面的目标是学生心理健康素养不断提升；教师层面的目标是心理辅导能力与家庭教育指导能力不断提高；学校层面的目标是心理健康服务体系不断完善。依据中小学心理健康教育高质量发展的内涵、目标以及当前亟待解决的问题，中小学心理健康教育高质量发展的关键路径是：提高科学性，开展解决中国学生心理健康现实问题的科学研究；提高实效性，建设满足不同学生需求的学校心理健康教育服务体系；提高协同性，构建学校—家庭—社区—医院等有效合作联动的发展格局。

参考文献

［1］芭芭拉·弗雷德里克森. 积极情绪的力量［M］. 王珺译. 北京：中国人民大学出版社，2010：38.

［2］鲍娜，范翠英，魏华，等. 积极情绪和心理健康的关系：心理韧性的中介作用［C］//. 中国心理学会第十五届全国心理学学术会议论文摘要集. 2012.

［3］毕华林. 学习能力的实质及其结构构建［J］. 教育研究，2000（7）：78—80.

［4］曹晓华，张焕婷. 特异行为的神经机制：青少年心理健康教育的微观基础［J］. 中国特殊教育，2014（9）：67—73.

［5］陈建文，黄希庭. 中学生社会适应性的理论构建及量表编制［J］. 心理科学，2004，27（1）：182—184.

［6］陈良，张大均. 近20年我国青少年心理健康研究的进展与走向［J］. 高等教育研究，2009，30（11）：74—79.

［7］陈欣. 心流体验及其现状研究［J］. 江苏师范大学学报（哲学社会科学版），2014，40（5）：150—155.

［8］成伯清. 从嫉妒到怨恨——论中国社会情绪氛围的一个侧面［J］. 探索与争鸣，2009（10）：49—52.

［9］崔丽霞，殷乐，雷雳. 心理弹性与压力适应的关系：积极情绪中介效应的实验研究［J］. 心理发展与教育，2012，28（3）：308—313.

［10］崔文倩. 玩转"幸福盲盒"打卡"幸福周历"——高中心理健康教育活动季的设计与实践［J］. 中小学心理健康教育，2024（25）：74—76.

［11］第十三届全国人民代表大会常务委员会. 中华人民共和国基本医

疗卫生与健康促进法［EB/OL］.（2019-12-28）［2024-01-28］. http://www.npc. gov.cn/npc/c2/c30834/201912/t20191231_304414.html.

［12］第十三届全国人民代表大会常务委员会.中华人民共和国家庭教育促进法［EB/OL］.（2021-10-23）［2023-10-03］. http://www.moe.gov.cn/jyb_sjzl/sjzl_zcfg/zcfg_qtxgfl/202110/t20211025_574749.html.

［13］董妍，王琦，邢采.积极情绪与身心健康关系研究的进展［J］.心理科学，2012，35（2）：487—493.

［14］段文杰，谢丹，李林，等.性格优势与美德研究的现状、困境与出路［J］.心理科学，2016，39（4）：985—991.

［15］傅小兰，张侃，陈雪峰，等.中国国民心理健康发展报告（2021～2022）［M］.北京：社会科学文献出版社，2023.

［16］傅小兰，张侃，陈雪峰，等.中国国民心理健康发展报告（2019～2020）［M］.北京：社会科学文献出版社，2021.

［17］甘媛源，余嘉元.“中国青少年心理韧性量表”的概化理论研究［J］.湖北大学学报（哲学社会科学版），2011，38（6）：125—128.

［18］共青团中央维护青少年权益部，中国互联网络信息中心.第5次全国未成年人互联网使用情况调查报告［EB/OL］.（2023-12-23）［2024-01-28］. https：//www.cnnic.net.cn/n4/2023/1225/c116-10908.html.

［19］国家卫生计生委，中宣部，中央综治办，等.关于加强心理健康服务的指导意见［EB/OL］.（2016-12-30）［2024-11-06］. http://www.nhc.gov. cn/jkj/s5888/201701/6a5193c6a8c544e59735389f31c971d5.shtml.

［20］国家卫生健康委办公厅全国爱卫办，民政部办公厅，等.关于全面开展健康家庭建设的通知［EB/OL］.（2024-01-02）［2024-01-25］. http://www. nhc.gov.cn/rkjcyjtfzs/s7785/202401/0df2f10ec65f4714b6b287437ac82507.shtml.

［21］郝其宏.网络群体性事件的生成与治理——以社会情绪表达为分析视角［J］.广西社会科学，2014（12）：168—171.

［22］胡月琴，甘怡群.青少年心理韧性量表的编制和效度验证［J］.心

理学报，2008，40（8）：902—912.

［23］江光荣，赵春晓，韦辉，等.心理健康素养：内涵、测量与新概念框架［J］.心理科学，2020，43（1）：232—238.

［24］蒋芳，郑天虹，刘璐璐.青少年正遭遇的"四无"心理风暴值得警惕［J］.云南教育（视界综合版）2021（5）：38—39.

［25］教育部等十三部门.关于健全学校家庭社会协同育人机制的意见［EB/OL］.（2023-01-13）［2024-01-29］.http://www.moe.gov.cn/srcsite/A06/s3325/202301/t20230119_1039746.html.

［26］拉希德 T，塞利格曼，M E P.积极心理学治疗手册［M］.邓之君译.北京：中信出版集团，2020.

［27］雷雳.互联网心理学［M］.北京：北京师范大学出版社，2016：449—512.

［28］李丹琳.《青少年心理健康素养评定量表》的编制及其在医学生中的应用研究［D］.安徽医科大学，2021.

［29］李海垒，张文新，张金宝.青少年心理韧性量表（HKRA）的修订［J］.心理与行为研究，2008，6（2）：98—102+101.

［30］李虹.压力应对与大学生心理健康［M］.北京：北京师范大学出版社，2004：120.

［31］李腾飞，陈光辉，纪林芹，等.发展级联：解释个体纵向发展的新视角［J］.心理科学进展，2017，25（6）：980—988.

［32］刘宝存，张金明.国际视野下的高质量教育体系：内涵、挑战及建设路径［J］.重庆高教研究，2022，10（1）：6—14.

［33］刘迪翔，赵子林.社会思潮的情感治理：何以必要与何以可为［J］.理论导刊，2023（10）：60—65.

［34］刘峰，佐斌.群际情绪理论及其研究［J］.心理科学进展，2010，18（6）：940—947.

［35］刘世清.全员导师制开启育人新思路［N］.中国教育报，2023-08-

17（02）.

［36］吕小康.“以人为本”：数字时代社会心态治理的价值指引［EB/OL］.人民论坛网.（2023-12-14）［2024-01-28］. http://www.rmlt.com.cn/2023/1214/690160.shtml.

［37］骆宏，张春红.护士的积极率和主观幸福感［J］.中国心理卫生杂志，2013，27（4）：310—311.

［38］马丁·塞利格曼.活出最乐观的自己［M］.洪兰，译.北京：万卷出版公司，2010.

［39］马丁·塞利格曼，卡伦·莱维奇，莉萨·杰科克斯，等.教出乐观的孩子　让孩子受用一生的幸福经典［M］.洪莉译.杭州：浙江人民出版社，2013.

［40］马福云.当前值得关注的社会心态问题及其治理［J］.人民论坛·学术前沿，2023（22）：27—33.

［41］马福云.以预期管理来引导社会心态［J］.中国党政干部论坛，2015（5）：30—33.

［42］马甜语.当代心理学关于乐观的研究［J］.常州工学院学报（社科版），2015，23（4），36—39.

［43］宁宁.心流体验与庖丁境界的同构与异质［J］.作家天地，2024（7）：168—170.

［44］浦东新区青少年心理健康教育发展中心.2011年浦东新区中小学心理辅导优秀案例集［Z］.内部资料，2011：86—87.

［45］钱锦.黄浦区中小学“积极成长·幸福”课程设计与实施［J］.现代教学，2021（Z2）：94—96.

［46］任俊.积极心理学［M］.上海：上海教育出版社，2006.

［47］任俊，施静，马甜语.Flow研究概述［J］.心理科学进展，2009，17（1）：210—217.

［48］桑标.应用发展心理学［M］.杭州：浙江教育出版社，2008：37—40.

［49］申继亮.强化核心素养导向　深化基础教育课程改革［C］//第六届崇德学术论坛论文集.北京：人民教育出版社，2022.

［50］施国春，李丹.大学生乐观品质培养的实验研究［J］.河北科技大学学报（社会科学版），2014，14（1），89—95.

［51］斯蒂夫·鲍姆加德纳，玛丽·克罗瑟斯.积极心理学［M］.王彦，席居哲，等译.上海：上海人民出版社，2021.

［52］宋佳，张娅婷，蔡冬霞.国际视野下加强学生心理健康政策与举措［N］.中国教育报，2023-11-02（09）.

［53］孙芳，李欢欢，郭玥言，等."危"抑或"机"：家庭—学校—社区风险和资源的潜在剖面结构与中小学生心理危机的关系［J］.心理学报，2023，55（11）：1827—1844.

［54］唐汉卫.交叠影响阈理论对我国中小学协同育人的启示［J］.山东师范大学学报（人文社会科学版），2019，64（4）：102—110.

［55］王俊秀.新媒体时代社会情绪的新特征［N］.北京日报，2021-04-12（011）.

［56］王俊秀.新媒体时代社会情绪和社会情感的治理［J］.探索与争鸣，2016（11）：35—38.

［57］王舒，殷悦，王婷，等.学习情境下的心流体验［J］.教育生物学杂志，2021，9（1）：59—64.

［58］王燕，赵娴.初中生乐观倾向的现状调查研究［J］.重庆文理学院学报（社会科学版），2013，32（2），154—156.

［59］王艺凝，兰继军.中小学生心理健康教育政策发展历程［N］.中国社会科学报，2022-10-20（07）.

［60］王哲，刘雨寒."心流"与职业教育——《心流：最优体验心理学》及其启示［J］.职业技术教育，2020，41（9）：58—62.

［61］王振宏，吕薇，杜娟等.大学生积极情绪与心理健康的关系：个人资源的中介效应［J］.中国心理卫生杂志，2011，25（7）：521—527.

［62］王振宏，王永，王克静，等.积极情绪对大学生心理健康的促进作用［J］.中国心理卫生杂志，2010，24（9）：716—717.

［63］温娟娟，郑雪，张灵.国外乐观研究述评［J］.心理科学进展，2007，15（1），129—133.

［64］吴增强.学习心理辅导［M］.上海：上海教育出版社，2012：107—122.

［65］席居哲，桑标，左志宏.心理弹性（Resilience）研究的回顾与展望［J］.心理科学，2008，31（4）：995—998.

［66］肖倩，吕厚超，华生旭.希望和乐观——两种未来指向的积极预期［J］.心理科学，2013，36（6）：1504—1509.

［67］谢龙华，钟贞.大学生"习得乐观"的教育模式探究［J］.教育与职业，2013（21）：90—92.

［68］辛自强.社会心理服务体系建设对心理学科的新要求［EB/OL］.中国社会科学网，（2024-09-26）［2025-02-22］. https://cssn.cn/skyl/skyl_sksp/202409/t20240926_5787301.shtml.

［69］邢朝国.社会情绪：一种社会治理资源［J］.领导科学，2017（14）：21.

［70］许燕.社会健康与社会善治的心理学研究［J］.人民论坛·学术前沿，2024（3）：94—103.

［71］杨柳，杜薇，方平，等.社会情绪量表的编制及信效度检验［J］.心理与行为研究，2023，21（4）：446—453.

［72］杨宜音，王俊秀.今后一个时期社会心理取向与引导［N］.北京日报，2016-01-11（14）.

［73］尹可丽，付艳芬，李琼.完全心理健康测量的理论假设及操作化［J］.医学与哲学（人文社会医学版），2011，32（10）：31—32+39.

［74］应湘，白景瑞.不同心理弹性大学新生的积极消极情绪特征［J］.心理学探新，2010，30（4）：81—85.

［75］应湘，白景瑞，郭绵玲，等.外来工子女心理弹性、社会支持与积极情绪特征［J］.广州大学学报（社会科学版），2014，13（2）：25—30.

［76］游旭群.社会关系视角下青少年心理危机的有效预防［J］.中国基础教育，2024（6）：15—18.

［77］于肖楠，张建新.自我韧性量表与 Connor-Davidson 韧性量表的应用比较［J］.心理科学，2007，30（5）：1169—1171.

［78］俞国良，琚运婷.我国心理健康教育政策的历史进程分析与启示［J］.中国教育学刊，2018（10）：40—48.

［79］俞国良.新时代学生心理健康教育的新理念和新思路［J］.中国德育，2023（11）：1.

［80］俞国良.中国学生心理健康问题的检出率及其教育启示［J］.清华大学教育研究，2022，43（4）：20—32.

［81］俞国良.中小学心理健康教育的现状、特点和发展路径［J］.中国教师，2015（14）：10—14.

［82］张大均.青少年心理健康与心理素质培养的整合研究［J］.心理科学，2012，35（3）：530—536.

［83］张克.城乡统筹政策中人口流迁问题的探究——以温州市为例［D］.上海：复旦大学，2015.

［84］张坤.我国儿童心理弹性研究的回顾与展望［J］.华东师范大学学报（教育科学版），2015，33（4）：58—64.

［85］张阔，张雯惠，杨珂，等.企业管理者心理弹性、积极情绪与工作倦怠的关系［J］.心理学探新，2015，35（1）：45—49.

［86］张沛琳.心理免疫力的培养策略［M］∥朱仲敏，等.积极心理学视角下的中小学生心理免疫力提升指南.上海：上海教育出版社，2020：9—10.

［87］张倩，郑涌.美国积极心理学介评［J］.心理学探新，2003，23（3），6—10.

［88］张青方，郑日昌.希望理论：一个新的心理发现视角［J］.中国心

理卫生杂志，2002，16（6）：430—433.

［89］张文新，常淑敏.积极青少年发展及其启示［J］.心理与行为研究，2011，9（增刊B06）：131—133.

［90］赵晶，罗峥，王雪.大学毕业生的心理弹性、积极情绪与心理健康的关系［J］.中国健康心理学杂志，2010，18（9）：1078—1080.

［91］赵旭东.社会情绪治理"宜疏不宜堵"［J］.人民论坛，2019（23）：65—67.

［92］周翠敏，陶沙，刘红云，等.学校心理环境对小学4～6年级学生学业表现的作用及条件［J］.心理学报，2016，48（2）：185—198.

［93］周仁来，罗新玉.积极情绪与心理健康［C］.// 中国心理卫生协会儿童心理卫生专业委员会第十一次学术交流会论文摘要集，2009.

［94］周妍，蔡明.高校大学生积极情绪、心理弹性与挫折承受力的关系［J］.学术探索，2013（7）：149—152.

［95］朱廷劭，李昂.网络社会的行为规范［J］.科学与社会，2013，3（4）：23—31.

［96］朱仲敏.德育与心育融合的依据与实现路径［J］.江苏教育，2023（12）：1.

［97］朱仲敏，方建华.心理弹性研究的基本共识及其对青少年发展的启示［J］.江苏教育，2020（88）：50—52.

［98］朱仲敏.高中生生活事件与生活满意度的关系：心理资本的中介作用［R］.2018.（未发表）

［99］朱仲敏.高中生心理资本现状及影响因素研究［R］.2018.（未发表）

［100］朱仲敏.高中生心理资本与抑郁的关系：应对方式的中介作用［R］.2018.（未发表）

［101］朱仲敏，胡永昌，张琪娜.积极心理学视角下的中小学生心理免疫力提升指南［M］.上海：上海教育出版社，2020.

［102］朱仲敏.青少年情绪韧性的特点及其对积极情绪、心理健康的影

响［D］.上海：华东师范大学，2020.

［103］朱仲敏.青少年心理资本：可持续开发的心理资源［M］.上海：学林出版社，2016.

［104］朱仲敏，桑标.青少年心理资本开发：学校教育的应为与可为［J］.当代青年研究，2017（2）：81—87.

［105］朱仲敏.中小学心理健康教师胜任力研究现状及提升对策［J］.江苏教育，2022（8）：25—30.

［106］其他中文文献资料来源：林丹华、刘宣文、崔允漷、申继亮、安媛媛等学者的演讲或报告。

［107］本书英文参考文献可扫封底二维码进行查阅。

　　有一次在和一位心理学教授交流的时候，他说他博士毕业后胆子大，写了一本书。后来越来越不敢写书了。这种判断不无道理。写作要心存对知识的敬畏，写出来的东西要能经得起历史、同行的检验。我之所以鼓起勇气写这本书，来源于很多领导、老师、同行的鞭策，也得到了家人的全力支持。

　　"两句三年得，一吟双泪流。知音如不赏，归卧故山秋。"贾岛用此诗表达了写作的艰辛，以及对读者的期待。期待，我倒真没有很多。但是过程的艰辛，我还是有很多体会的。这本书写了近四年时间。由于单位作为教育智库的定位，近几年我更多的时间是投入服务教育行政部门的一些工作项目或临时任务，这种经历对自己熟悉教育政策、了解政策推出的过程与脉络很有帮助，也学习了政策研究的基本思路与方法。作为在这类教育科研机构工作的科研人员，如何将政策研究、学术研究、实践研究融合起来，感觉时间上难以分配好、方向上难以把握准，需要不断地摸索。能一路坚持下来边工作边研究，首先，要感谢之前授业导师们的影响。感谢我的本科论文指导老师田汉族教授以及我的硕士生导师袁军教授、博士生导师桑标教授！我在湖南师范大学读本科时，毕业论文的题目就是有关心理健康教育，当时田老师还将他未正式发表的论文给我参考。袁老师已经英年早逝，但他作为学者的风采依然历历在目，在跟随袁军教授在上海师范大学读硕士期间，他喜欢探讨心理学的研究方法问题，多次鼓励我到学校一线用科学的方法去做研究。在跟随桑标教授读博士期间，入学第一年，桑老师就让我参加那年在上海举办ISSBD年会，随后在华东师范大学接受发展心理学的系统学术训练与导师个别化指导，视野得以开阔，尤其是开始关注国际上相关研究进展，收获非

常大。毕业后，经常有机会见到桑老师，他多次告诫我要抓紧时间做一些研究，有时候几个同学在一起的时候，他还要每个同学报告一下研究等方面的进展，比如最近在写了什么文章、投了什么稿。其实，最近几年在研究方面花的时间很有限，但在老师的提醒、鼓励下，还是坚持读一些书和文章，争取有研究上的进展。

之所以选择探讨学校积极心理学的应用这个话题，要感谢单位提供的平台。我所在的上海市教育科学研究院德育发展研究院学生心理健康教育发展中心，承担着全市大中小学生心理健康教育研究、培训、指导、协调等职能。身处其中，越来越感觉到要做好政策、理论与实践转化之间的桥梁，为教育行政部门、学校心理健康教育工作的推进提供专业服务。而要做好服务，前提是要有相关研究的支撑。要做到这些，我觉得自己应该坚持政策、理论与实践相结合的研究策略。学校积极心理学在学校有广阔的应用前景，也为我和很多学校心理健康教育工作同仁提供了共同语言。在此，要感谢市教委德育处朱敏处长、江伟鸣二级调研员、杨长亮副处长、周时奕老师，市教育科学研究院德育发展研究院王戎院长、宗爱东书记、刘明波副院长等领导以及杨彦平、赵岩、王婷婷博士等同事对我工作、研究的指导与支持！感谢很多高校、区和中小学同仁提供的交流机会！特别感谢吴增强研究员、李正云教授、沈之菲研究员等专家对我进入这个研究团队的引路与指导！

这本书的写作主要是在寒暑假或周末。因此，也牺牲了许多陪家人、孩子的时间。对此，我爱人、我母亲、我岳父岳母都毫无怨言，他们几乎承担了全部的家务，尽全力支持。孩子们也很理解。特别是我女儿进入高中之后，我觉得与其花很多言语跟她讲如何抓紧时间复习功课、投入学习，不如自己以身示范，做一个榜样。儿子有时也会跑到我的书桌边上来，问我在干什么，我也没跟他多说，主要是反馈他："我在做我的事情，你也做你自己的事情，好不好？"因为孩子在长大，很多道理他们都明白，无须多讲。当然，写作的过程很曲折，因为受到各种干扰，进程比预计的要慢很多。如今

完成了书稿，总算对老师们的关心、家人的付出有个交代，也觉得要感谢不轻言放弃的自己。每每回想自己为什么会坚持学习、阅读、思考与写作，都会感念、感恩人生路上的一个"重要他人"——那就是我的父亲。父亲很喜欢读书，我出生时他还在教书，在我眼里他是一个比较纯粹的读书人。当父亲健在之时，他几次跟我讲起跟我取名的由来，所谓"仲"，是因为我排行老二；所谓"敏"，就是"每＋文"，希望我有每天与文章打交道的机会，也成为一个读书人。因此，现在每每我在学习、研究上有一些进展，我冥冥之中会觉得这与父亲的良苦用心有关。因此，只有做好一个读书人的本分的事情，方能告慰家父的在天之灵。

之前，与张琪娜、秦青、陈雅婷、余智华、孙妮、盛佳妮等优秀的心理老师合作做过相关研究，本书在案例部分，引用或改编了她们开发或收集的相关案例，感谢她们的支持！在心理资本的研究方面，陈万芬博士给予了研究方法方面的支持与指导。我写完初稿以后，请赵轶劼博士、中学心理高级教师秦青两位同行做了一遍审读，她们发现了不少问题，并给予指导与修正，感谢两位的帮助！本书参考了大量的国内外文献，可能挂一漏万，对这些作者提供的思想与研究成果也一并表示感谢！最后，十分感谢上海教育出版社的刘美文、黄梦竹编辑，没有她们的耐心、包容、精心编辑与大力支持，本书无法付梓。

学校积极心理学的研究还有很多工作值得进一步深挖，比如，如何开展本土的积极心理学研究，特别是如何从中华优秀传统文化中挖掘积极心理教育资源；如何用实证的方法检验 PERMA 理论、积极情绪拓展与建构理论、心流理论等在中国文化背景下的适用性；如何揭示积极情绪、积极心理品质背后的神经机制；如何对学校积极心理学的未来发展进行专业的研判；等等。每次写作都是一次遗憾之旅，写完之后都觉得没达到当初设想的精度与深度，这也给自己继续学习提供了机会。多年来，我对自己学习、工作与研究的心得作了一个总结，那就是：做人要知足，做事要知不足，做研究要不知足。积极心理要反映在积极的行动中，这也符合王阳明先生"知行

合一"的思想，希望我能继续以"不知足"的心态深入开展学校积极心理学的研究，永远以一个虚心学习者的虔诚，继续为这个领域的研究与实践添砖加瓦。

2025 年春
朱仲敏

图书在版编目（CIP）数据

学校积极心理学：从观念到行动 / 朱仲敏著.

上海：上海教育出版社, 2025. 3. — ISBN 978-7-5720-3455-8

Ⅰ. G444

中国国家版本馆CIP数据核字第202504LC49号

出 品 人　范蔚文

策划编辑　刘美文

责任编辑　刘美文　黄梦竹

装帧设计　汪　昊

学校积极心理学：从观念到行动

朱仲敏　著

出版发行　上海教育出版社有限公司

官　　网　www.seph.com.cn

地　　址　上海市闵行区号景路159弄C座

邮　　编　201101

印　　刷　启东市人民印刷有限公司

开　　本　700×1000　1/16　印张 13.75

字　　数　200 千字

版　　次　2025年5月第1版

印　　次　2025年5月第1次印刷

书　　号　ISBN 978-7-5720-3455-8/G·3088

定　　价　68.00 元

如发现质量问题，读者可向本社调换　电话：021-64373213